Quixote no Planalto
O resgate da dignidade em tempos adversos

Quixote no Planalto
O resgate da dignidade em tempos adversos

Marcílio Marques Moreira
com
Ney Carvalho

e
Arminio Fraga Neto
Celso Lafer
Dorothea Werneck
José Gregori
José Luiz Alquéres
Luiz Antônio Gonçalves
Nelson Carvalho
Pedro Malan
Roberto Macedo

Rio de Janeiro 2017

© 2017 desta edição, Edições de Janeiro
© 2017 Marcílio Marques Moreira
© 2017 Arminio Fraga Neto, Celso Lafer, Dorothea Werneck, José Gregori, José Luiz Alquéres, Luiz Antônio Gonçalves, Nelson Carvalho, Ney Carvalho, Pedro Malan, Roberto Macedo

Editor
José Luiz Alquéres

Coordenação editorial
Isildo de Paula Souza

Copidesque
Marcelo Carpinetti

Revisão
Raul Flores
Patrícia Weiss

Projeto gráfico e capa
Casa de Ideias

Imagem da capa
Aroeira

Charges
Aliedo, Aroeira, Chico Caruso, Cláudio Duarte, Erthal, Lan, LLorini, Maringoni, Novaes

Agência O Globo

Autor e Editora agradecem a grande colaboração de Arminio Fraga Neto, Pedro Bodin e Pedro Luiz Rodrigues que viabilizaram este projeto.

CIP-BRASIL. CATALOGAÇÃO NA PUBLICAÇÃO
SINDICATO NACIONAL DOS EDITORES DE LIVROS, RJ

Q85

    Quixote no planalto : o resgate da dignidade em tempos adversos / Marcílio Marques Moreira ... [et. al.]. – 1. ed. – Rio de Janeiro : Edições de Janeiro, 2017.

    il. ; 23 cm.

    Inclui índice
    mini-biografias
    ISBN: 978-85-9473-016-9

    1. Brasil – Política econômica. 2. Brasil – Política e governo, 1991-1992. 3. Desenvolvimento econômico. I. Moreira, Marcílio Marques.

17-45472   CDD: 338.0981
                                                             CDU: 338:1(81)

Todos os direitos reservados e protegidos pela Lei 9.610, de 19/2/1998.
É proibida a reprodução total ou parcial sem a expressa anuência da editora e dos autores.
Todos os esforços foram feitos para contatar os detentores de direitos autorais das charges que integram este livro e obter autorização, mas nem sempre conseguimos localizá-los. A editora solicita contato pelo e-mail contato@edicoesdejaneiro.com.br
Este livro foi revisado segundo o Acordo Ortográfico da Língua Portuguesa de 1990, em vigor no Brasil desde 2009.

EDIÇÕES DE JANEIRO
Rua da Glória, 344 sala 103
20241-180 – Rio de Janeiro-RJ
Tel.: (21) 3988-0060
contato@edicoesdejaneiro.com.br
www.edicoesdejaneiro.com.br

Para meus bravos companheiros de jornada!

"Yo soy yo y mi circunstancia,
y si no la salvo a ella no me salvo yo."

J. Ortega y Gasset
Meditaciones del Quijote, 1921

Sumário

Prefácio 13

1. **Perfil do timoneiro** 17
2. **O desafio** 27
3. **Os companheiros de jornada** 37
   Aide-mémoire 1 Luiz Antônio Gonçalves
   Construir moinhos 44
4. **Corrigindo distorções** 47
   Aide-mémoire 2 Arminio Fraga Neto
   Uma lição de vida 56
   Aide-mémoire 3 Nelson Carvalho
   Fiscalizando as instituições financeiras 58
   Aide-mémoire 4 Dorothea Werneck
   Preços, Câmaras Setoriais e movimento de qualidade 62
5. **Reconstruindo instituições** 65
   Aide-mémoire 5 Roberto Macedo
   Mudanças importantes no arcabouço legal 78
   Aide-mémoire 6 Ney Carvalho
   A retomada das privatizações 84
   Aide-mémoire 7 Pedro Malan
   A negociação da Dívida Externa Brasileira 88

6. Pacto de governabilidade 93

   Aide-mémoire 8 José Gregori
   Parlamentarismo informal? 104

   Aide-mémoire 9 Celso Lafer
   Rio-92 108

   Aide-mémoire 10 José Luiz Alquéres
   Avanços da área de energia 112

   Aide-mémoire 11 Celso Lafer
   A política externa do governo Collor 115

   Aide-mémoire 12 Roberto Macedo
   Nota sobre a política econômica e a inflação 118

7. Reflexões sobre o meu período no Ministério 121

Caderno de charges

Ética e Economia 129

Índice Onomástico 173

Prefácio

Neste ano de 2017, que desafia os mais esperançosos brasileiros, volto o meu olhar aos acontecimentos que vivi ao longo de 1991 e 1992 e percebo que fui protagonista de um dos mais singulares períodos da nossa história.

Considero que a combinação de alguma *virtu* com muita *fortuna* resultaram em um dos mais relevantes êxitos que consegui lograr nos meus quase dezessete meses à frente do Ministério da Economia, Fazenda e Planejamento (MEFP): reunir a equipe que prestou inestimáveis serviços no empenho de enfrentar desafios a curto prazo e ainda conceber o desenho para soluções de longo alcance. Uma vez reunida, a maior parte dessa equipe continuou a prestar os mais relevantes serviços durante os três mandatos que se seguiram – o de Itamar Franco, de 2 de outubro ao fim de 1994, e os dois seguintes na Presidência de Fernando Henrique Cardoso, de início de 1995 ao fim de 2002. Deixou, assim, importante legado, responsável por muitos êxitos do primeiro mandato do presidente Luiz Inácio Lula da Silva, que para desmerecê-la e por desmesurada manifestação de desprezo da verdade e de reconhecimento da realidade, rebatizou-a de *herança maldita*, opróbrio que passaria a ser, sim, designação precisa do desgoverno de mais de uma dezena de anos férteis em pós-verdades e experimentos sem nexo, como a *nova matriz econômica*, e avaros em conquistas sustentáveis.

Para mim, hoje, como há um quarto de século atrás, o êxito se deve à escolha da equipe que tive a ventura de completar em pouco mais de uma semana, baseada em critérios de competência e integridade. Como tive a oportunidade de enfatizar desde então, procurei a prata da casa, experientes servidores públicos da Fazenda, do Tesouro, do Banco Central e de outras instituições governamentais, como o Serviço Federal de Processamento de Dados (Serpro), professores da Academia e executivos empresariais. Acabei encontrando o ouro que essa equipe representou, sendo que alguns voltaram a ser chamados para ajudar a compor a equipe econômica do atual governo, que se depara com não menos desafios.

Como procurarei explicar no Capítulo 3, fiz questão de enfatizar a necessidade de harmonia entre todos os seus integrantes para assegurar o máximo resultado dos esforços da equipe.

Entretanto, o que impressiona é que o clima entre a equipe não se limitou a afastar as desgastantes intrigas, ciúmes e invejas, que tanto prejudicam o bom desempenho de instituições tanto públicas quanto privadas, inclusive de organizações ou associações do terceiro setor, que pela sua própria característica – terem sido fundadas para servir o próximo e ao bem comum –, deveriam estar imunes a esses infelizmente comuns desvios de comportamento.

É-me, portanto, extremamente gratificante que aquela equipe acabou se caracterizando não só pela harmonia, mas também por outras virtudes, tais como a lealdade entre si e também com os ideais que comungávamos. E pouco a pouco, perseverando nos 25 anos exatos que se seguiram ao desenlace de 2 de outubro de 1992, essas características se transformariam em sólida solidariedade mútua e crescente amizade humana que se estendeu às famílias dos queridos colaboradores.

Essa lealdade e amizade foi cultivada por todos como uma graça de inestimável valor. Exemplo disso é que, neste novembro de 2017, festejaremos o nosso 25º jantar anual, sem nenhuma interrupção, em que nos reunimos não só para reaquecer nossa amizade, mas também para discutir desafios e possíveis soluções, novas e tradicionais, que preocupam tanto o Brasil quanto a região e o mundo em que nos inserimos.

É triste ver companheiros partir – vêm à mente, de pronto, os queridos Francisco Gros e Fábio Barbosa. Num certo sentido, eles não partiram, pois as fortes lembranças que deixaram permaneceram para nos inspirar. Acresce que membros da família, viúva e filhos se incorporaram ao grupo para reverenciar a sua memória, tecer comentários de episódios da jornada que continuam a nos comover e, também, os desafios de hoje vistos tanto a partir das circunstâncias que tanto mudaram quanto dos valores que continuamos a venerar. Algo como o sentimento tão bem descrito por

Shakespeare no famoso discurso do "Saint Crispin's Day" quando se refere ao "eu lá estive naquela jornada heroica".

Uma das virtudes cultivadas pelo grupo é a da lealdade com a verdade, o que nos remete a Maquiavel, não ao narrador da realidade cruel que na época, como denunciou, *corrompia* o exercício da política, mas sim o que aconselhava o Príncipe, isto é, a todos os dirigentes, que se livrassem dos áulicos e bajuladores e que não deixassem de ser "pacientes ouvintes da verdade", sempre em busca da "verdade efetiva das coisas".

Nessas conversas anuais, pouco a pouco surgiu a ideia, que crescentemente nos pareceu mais útil, de preservar a memória da época, de suas conquistas e suas frustrações como a de não ter conseguido avançar mais nas reformas estruturais modernizantes. Embora conscientes que várias delas vêm ressurgindo aos trancos e barrancos e continuam em pauta até hoje, reunir em livro depoimentos de muitos de nossos companheiros e construir narrativa que refletisse o *leitmotiv*, o fio condutor em torno do qual procuramos ancorar nossos ideais e esforços, pareceram-nos quase uma obrigação com as gerações a vir.

O livro, agora energizado pelo entusiasmo de nosso editor, José Luiz Alquéres, um dos integrantes de nosso grupo, vem à tona exatamente 25 anos após o desenrolar dos acontecimentos aqui registrados por alguns de seus principais participantes. Pareceu-nos imperativo, tanto para resgatar a memória do período como para desvendar uma jornada que, embora quixotesca, haja visto o número e a força dos elementos de resistência às mudanças propostas àquela época, pareceu-nos não perder atualidade nas reformas e avanços que defendemos. Inconclusos, tornaram-se ainda mais indispensáveis no mundo mutante de hoje, prenhe de armadilhas, mas rico em oportunidades ainda a explorar.

Não nos foi possível colher naquele período todos os frutos que esperávamos, até mesmo porque a jornada foi curta. Remanesceu, entretanto a esperança de ainda acompanhar seu amadurecimento em benefício do povo brasileiro, que tanto pena e merece dias melhores. A pátria que demanda a realização dos ideais de modernidade, eficácia, igualdade, diversidade, justiça e bem-estar, vividos em paz e clima de concórdia, de produtividade reconquistada e desenvolvimento autenticamente humano e consentâneo com a história distinguindo-a num mundo, que não para de se desenvolver, de gerar novos desafios, e de caminhar para o amanhã que nos cabe, a todos, construir.

1.
Perfil do timoneiro[1]

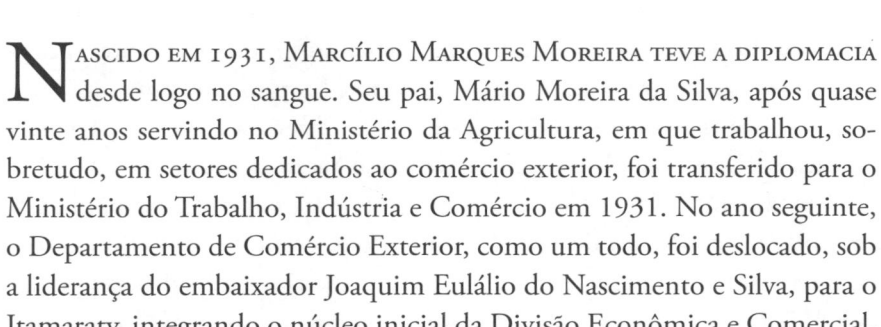

Nascido em 1931, Marcílio Marques Moreira teve a diplomacia desde logo no sangue. Seu pai, Mário Moreira da Silva, após quase vinte anos servindo no Ministério da Agricultura, em que trabalhou, sobretudo, em setores dedicados ao comércio exterior, foi transferido para o Ministério do Trabalho, Indústria e Comércio em 1931. No ano seguinte, o Departamento de Comércio Exterior, como um todo, foi deslocado, sob a liderança do embaixador Joaquim Eulálio do Nascimento e Silva, para o Itamaraty, integrando o núcleo inicial da Divisão Econômica e Comercial.

Em 1934, Mário foi nomeado cônsul em Viena. Permaneceu nesse posto até o início de 1938, quando foi transferido para Budapeste, na Hungria, voltando a Viena no fim desse mesmo ano, onde ficou até janeiro de 1940. Vivendo na Viena dos anos 1930 durante o serviço do pai, Marcílio foi alfabetizado em alemão ainda em caracteres góticos. Na capital austríaca, teve a consciência – por ser brasileiro – de ser recusar a fazer a saudação nazista.

Com a eclosão da guerra em 1º de setembro de 1939, a mãe de Marcílio retornou ao Brasil em novembro daquele ano com os quatro filhos. Após o *Anschluss*, seu pai voltou a Viena, onde permaneceu até janeiro de 1940, quando retornou ao Brasil. Enquanto durou o conflito, a família permaneceu no país, tendo seu pai exercido então a chefia da Divisão Econômica e Comercial do Itamaraty e, entre 1944 e 1945, a direção-geral do

---
1   texto de Ney Carvalho.

Conselho Federal do Comércio Exterior, órgão subordinado diretamente ao presidente da República.

Com o fim da guerra, Mário e família retornaram à Europa, ele como ministro plenipotenciário em Berna, Suíça, onde permaneceu cinco anos. A estadia na Suíça aperfeiçoou os conhecimentos de Marcílio em francês e inglês, tornando-o poliglota.

A volta ao Brasil ocorreu no início de 1951, quando Marcílio ainda cursou o último dos três anos do Curso Científico no Colégio Santo Antônio Maria Zaccaria, no Flamengo, Rio de Janeiro. No ano seguinte, ingressou na Faculdade de Direito da hoje Universidade do Estado do Rio de Janeiro (UERJ), na qual viria a ser professor e integrante dos Conselhos Universitário e de Pesquisa a partir de 1968. Em 1953, fez a prova para o Instituto Rio Branco, cursando os dois currículos simultaneamente. Alcançou o segundo lugar no vestibular de Direito e foi primeiro aluno em todo o período do Rio Branco. Mais tarde, veio a fazer mestrado em Ciência Política na Universidade de Georgetown, em Washington.

Em dezembro de 1954, época em que o Itamaraty era exponencial em política econômica do país, foi empossado como terceiro-secretário e designado para a divisão econômica do ministério, na qual permaneceu por dois anos. Nesse setor, recebeu uma viagem – prêmio que correspondia a um estágio na Organização dos Estados Americanos (OEA), em Washington, por cinco semanas, e mais uma na Organização das Nações Unidas (ONU), em Nova York. Essa foi uma oportunidade de examinar o ambiente nas representações nos Estados Unidos, de modo e preparar a escolha do posto inicial a que teria direito, por ser o primeiro aluno de sua turma.

Em dezembro de 1956, casou-se com Maria Luiza, filha do grande intelectual mineiro Luiz Camillo de Oliveira Netto. No início do ano seguinte, recebeu o diploma de bacharel em Direito e, ainda em 1957, seguiu para Washington, posto que havia escolhido. O casal Maria Luiza e Marcílio tem três filhas e dois netos.

Ao longo da carreira no Itamaraty e em outras atividades públicas e privadas, conviveu com algumas das mais expressivas figuras de seu tempo, como o comandante Ernani do Amaral Peixoto, o diplomata Otávio Augusto Dias Carneiro, os embaixadores Walther Moreira Salles, Carlos

Alfredo Bernardes e Roberto de Oliveira Campos, além do jurista e político Francisco Clementino de San Tiago Dantas.

Características marcantes de sua personalidade são a prudência, a cordialidade, e mais do que isso, polidez e formalidade acentuadas pelo longo convívio diplomático. É homem extremamente educado.

Possui um aguçado senso de precisão em gestos, atitudes e exposição de ideias, sem contar a vasta capacidade de agregar pessoas. Trata-se de um aglutinador, que sempre cultivou a formação de um círculo de relações ao redor de si. Esse é fator fundamental na criação de equipes de trabalho, como a que conseguiu montar e manter, no governo brasileiro, entre 10 de maio de 1991 e 2 de outubro de 1992, período de sua atuação à frente, na realidade, de três ministérios – Economia, Fazenda e Planejamento –, ao longo e em meio à crise do governo Fernando Collor de Mello, objeto do presente livro.

Foi sucedido pelo pernambucano Gustavo Krause, que viu seus poderes reduzidos desde logo devido à nova divisão dos ministérios efetuada pelo presidente Itamar Franco, feita sem consultá-lo. Ficou apenas com o Ministério da Fazenda.

Para melhor conhecer o homem Marcílio fomos buscar não apenas no seu *curriculum vitae*, mas no seu ideário, o que melhor o caracteriza.

A forte formação cristã de Marcílio Moreira é a raiz da ética e estética comportamentais que adotou ao longo de toda a sua vida. Sob esse aspecto, entre tantos outros trabalhos intelectuais, é notável o denso *paper* denominado "Ética e Economia", elaborado no calor dos eventos pós-crise de 2008 e editado pelos *Cadernos da Associação Comercial do Rio de Janeiro*, em 2010. Este texto que adiante resumimos fizemos constar na sua integralidade na seção final deste livro.

A profundidade e erudição do documento pode ser medida pela citação de, nada menos que, cinquenta pensadores da história universal. Eles vão desde a Antiguidade, com Aristóteles, Homero, Hesíodo, Sócrates e Platão, até a atualidade, com Luigi Zingales, Lya Luft, Fareed Zakaria, Amartya Sen, Francis Fukuyama, Raghuram G. Rajan, Renato Janine Ribeiro e muitos outros. As reflexões passam ainda por intelectuais clássicos como Santo Tomás de Aquino, Maquiavel, Lutero, Calvino, Benjamin Franklin, Kant, Marx, Max Weber, Schumpeter e Keynes. Além desses, são citados também personagens de nossa história, como o Marquês de Pombal, o Visconde de Cairu, e o político e advogado Francisco Clementino de San Tiago Dantas, com quem Marcílio trabalhou, bem como os papas católicos Bento XVI e João Paulo II.

A menção preambular substancial daquele trabalho, elaborado pouco após a crise de 2008, diz respeito às dúvidas e desconfianças que envolveram naquela época a economia de mercado. O autor afirma que elas foram respostas à irresponsabilidade e ganância dos agentes econômicos que, embriagados por autoconfiança excessiva, ignoraram riscos e prudência, abandonaram valores éticos e se deixaram seduzir por lucros rápidos, embalados em operações financeiras sofisticadas, mas opacas. Ele prossegue alegando que riscos prosperam em tempos de euforia, sobretudo quando a soberba se une à falta de escrúpulos, e que os custos são cobrados na virada dos ventos, no auge das crises que se sucedem.

Em seguida, Marcílio Moreira envereda pelo tema da busca da verdade, que a maré relativista chegou a considerar quimera inatingível. No entanto, ela é o valor exigido pelo agir ético, tanto do empresário privado quanto do agente público. Mas, infelizmente, é frequente a disseminação de meias-verdades, distorções, pragmatismos e até mesmo deslavadas mentiras, que não resistem ao teste da realidade. E, citando Amartya Sen, admite que a relação entre ética e economia sempre foi e será tensa e complexa.

Adiante, o trabalho deságua num dilema que, desde a Antiguidade até hoje, ocupa aspectos centrais das discussões éticas e econômicas: os juros e sua histórica equiparação ao pecado de usura. Após breves incursões sobre o tema, Marcílio ensina que foi Calvino, o Reformador, que inovou ao apartar empréstimos comerciais, em que os juros eram admitidos, daqueles feitos aos necessitados, que deveriam ser gratuitos.

A repulsa ético-religiosa ao usurário foi um caso extremo do distanciamento entre ética e economia que Amartya Sen considerava empobrecer tanto a ética quanto a economia. Julgava-se que, ao morrer, o banqueiro era automaticamente condenado ao inferno, ideia que perdurou até o surgimento do conceito de purgatório, no início do segundo milênio da Era Cristã.

Entretanto, não apenas a usura era malvista. Qualquer atividade econômica e os que as exerciam como profissão eram vistos com desconfiança, senão com desprezo. Na transição entre Idade Média e Renascimento, novas ideias foram aceitas com a consequente divisão do trabalho, sobressaindo o comércio, a necessidade de boa gestão, além do reconhecimento de que ética e eficiência não são antagônicas.

Gradualmente foram sendo elaboradas razões para a cobrança de juros, como o dano emergente, o lucro cessante e o risco calculado, conceito novo na sociedade cristã, mas que viria a ocupar posição central no desenvolvimento do capitalismo.

Cabe registrar as manifestações de tais conceitos por dois alvarás reais, um de D. José I, em 1757, inspirado por Pombal, e outro do príncipe-regente, depois D. João VI, em 1810, já sob a influência de Cairu. O primeiro limitava os juros a risco em 5% ao ano, e o segundo, em sentido diametralmente oposto, liberava a cobrança a quanto ajustassem os contratantes.

No Brasil, o tema foi sempre objeto de debates e providências, destacando momentos tanto na ditadura de Getúlio Vargas quanto da Constituição de 1988, em que um artigo limitava os juros a 12% ao ano, dispositivo nunca aplicado e revogado por emenda constitucional em 2003.

Por sua vez, comissões do Congresso, ao examinarem o Brasil pós-crise, restringiram-se a recomendar limites à cobrança de tarifas, juros e *spreads* pelos bancos e cartões de crédito, ao invés de procurarem antever as grandes questões que envolvem a sociedade, como a inovação, o futuro das florestas, o aquecimento global etc.

No contexto da discussão ética merece repulsa e atenção redobrada, a captura de políticas públicas por interesses especiais, normalmente surgida no desvirtuamento do contato estreito, se bem que necessário, entre as esferas pública e privada. Essa captura é exemplo eloquente de conduta antiética. Constitui-se em uma das chagas mais deletérias e onerosas da vida pública brasileira, pois promove desvios de finalidade, desperdício e malversação de recursos públicos. Economia, ética e política sempre se entrelaçam, tanto para o bem quanto para o mal.

Adiante, no texto referido, Marcílio cita denúncia de Octávio de Faria em 1931, quando aquele pensador condenava hábito, ainda hoje em moda entre nós, de justificar crassos erros de conduta só porque se tornaram rotina: "Se todos fazem, não só pode como tem de fazer."

Isso redunda na deletéria atitude de: "para que pagar, se o governo gasta mal, desperdiça ou desvia o que arrecada", "por que pagar se os cidadãos ao meu redor não o fazem; por que serei eu justamente a pagar o pato". Há que ser inibida a leniência com a transgressão e o transgressor, assim como a impunidade, um dos mais graves vícios de nossa vida social. E há que erigir-se a boa conduta a algo costumeiro e respeitado por todos. Só assim construir-se-á um confiável *capital social*, capaz de tornar o convívio social em um cadinho de prosperidade material e promoção pessoal.

Em seguida, o texto se encaminha para várias observações sobre o tema nevrálgico da confiança, para adiante retornar à cobrança de juros e a aversão a eles, que viria a ser reforçada pelo marxismo, sobretudo por Hilferding. Esse austríaco, que era médico de profissão, retornou à ideia pré-escolástica de que o dinheiro, sendo fungível, era estéril e, a partir daí, desenvolveu os conceitos de financeirização do capital, cunhando vários entendimentos tais como capital monetário, fictício e especulativo, que julgava viriam a dominar todo o processo produtivo. Atacou ainda o cerceamento da concorrência pelos trusts e cartéis, prática condenável que, mais tarde, viria a ser coibida pelas legislações antitruste.

Embora a manifestação mais aberrante do socialismo marxista tenha sido enterrada pela debacle da União Soviética, suas ideias continuam a contaminar o debate moderno e encontram na América Latina chão fértil para prosperar dado nosso apreço por temas obsoletos, resgatados por um misto de ignorância, ressentimento e nostalgia das gavetas empoeiradas do esquecimento.

O próximo passo do ensaio diz respeito a Max Weber e seu notável estudo *A Ética protestante e o "espírito" do capitalismo* e segue pela análise breve sobre os acontecimentos do início do século XXI, como o excesso de poupança chinesa e os juros deprimidos nos Estados Unidos que produziram a bolha especulativa dos *subprime*, estourada em 2008.

A partir daí, o ensaio se volta ao dilema Estado *versus* mercado, capitalismo de mercado ante capitalismo de Estado, analisando a patética declaração de que o deus mercado havia morrido, propondo-se sua substituição pelo Estado que passaria a ser não só produtor de prosperidade como uma espécie de salvador *ex machina*. Marcílio reflete sobre a fala de San Tiago Dantas que, inspirado por Ortega y Gasset, afirmava: "Querer salvar é sublime, julgar-se um salvador é ridículo".

Uma análise da dicotomia entre Estado e mercado é mencionada pela citação ao livro de Rajan e Zingalles denominado *Salvando o capitalismo dos capitalistas*. Nele, os autores afirmam que, surpreendentemente, o sistema de livre-iniciativa e concorrência tem tido dificuldades de atingir corações e mentes. No mesmo sentido, também se manifestara Edmund Phelps, Nobel de Economia em 2006 e professor na Universidade de Colúmbia.

Rajan e Zingalles seguem ainda analisando a dose exacerbada de desregulamentação levada a efeito por Margaret Thatcher e Ronald Reagan, o que estimulou a busca de riqueza a qualquer custo. Marcílio comenta a necessidade de uma regulação mais eficaz como tarefa imediata dos governos nacionais para evitar novos riscos. Envereda, ainda, pelo tema de que a ética tem que ser levada em conta tanto pelos governos quanto pelos operadores, ao respeitarem as regras do jogo. Como ambos os setores compartilham vícios e virtudes, estas hão de ser estimuladas e aqueles reprimidos, no respectivo bojo de cada uma das esferas. Considera também que não existem éticas próprias para cada setor de atividade.

Em seguida, o estudo retorna a Max Weber, dessa vez para examinar a conferência "Política como Vocação", em que distingue duas éticas: a da convicção e a da responsabilidade. Marcílio estende a concepção de Weber da política para a economia, pois aquele autor também se dedicara ao tema em sua obra mais conhecida e já citada sobre a ética protestante e o espírito do capitalismo. A ética da convicção estava contida nos austeros ensinamentos de Calvino, sobretudo na noção de predestinação.

A ética da convicção, ou dos princípios, dá ênfase aos valores pelos quais avalia os meios, isto é, o próprio agir, enquanto a da responsabilidade realça as consequências do agir e as interações do ator para com o resultado de sua ação. Weber deixa claro que, ao distinguir duas éticas, não supõe que a da convicção signifique falta de responsabilidade, nem que a da responsabilidade identifique carência de convicção. E sustenta ainda que elas não constituem contrastes, mas complementaridades que se fundem no agir humano e, a cada decisão, precisam ser sobrepesadas com seriedade. Salienta, também, que sua análise não deve ser entendida como defesa de que fins, mesmo que nobres, justifiquem quaisquer meios.

A continuidade do *paper* diz respeito ao pensamento de Maquiavel e sua referência aos bons costumes que, para se manterem, necessitam de leis e essas, para serem observadas, precisam dos bons costumes. Para o florentino, todas as comunidades, reinos ou repúblicas têm algo bom em que baseiam suas reputações que, com o tempo, corrompem-se. E para mantê-las vivas é fundamental retornar aos princípios fundadores, o que se daria por acidente ou prudência, mas que permite um renascer pelo qual retorna à obediência à religião e à justiça.

A partir desses ensinamentos, pode-se entender por que a crise financeira global de 2008 abalou a convicção de muitos nas virtudes do mercado e da livre-iniciativa. Essas ideias teriam sofrido um abalo profundo, resultando em que o Estado, por ter evitado o desmanche do sistema financeiro (o que não passava de sua obrigação), ter-se-ia revelado mais virtuoso do que o mercado, com a globalização funcionando como agravante ao generalizar o risco sistêmico.

Há assim que separar o joio do trigo, retornando aos sãos princípios do mercado concorrencial e da intermediação sadia para aprimorá-los, e não podá-los na exaltação do Estado. A liberdade de iniciativa, a inovação, a criatividade, a competição, a eficiência e o dinamismo, enfim, "o espírito animal" de que falava Keynes, devem ser não apenas reconhecidos, mas preservados.

Keynes alega que a maioria de nossas decisões pode ser resultado de uma pulsão espontânea, "o espírito animal", que não significa espírito animalesco, surgido mais do corpo que da alma, mas como algo que vem da mente, da alma – *anima* –, uma energia vital que foge à racionalidade econômica formal. Aceita, portanto, que a realidade seja complexa e volúvel, em que o agente econômico toma decisões recorrendo à confiança em si mesmo e ao próprio otimismo. É modo de agir típico do empreendedor, cuja regulação não deve sufocar a inclinação natural a inovar. Tal convicção coincide com a opinião de Phelps, conforme exposta em 2008.

Essa ação do agente empreendedor dinâmico e inovador não se enquadra nem na ética da convicção, nem na das consequências, indo além do agir do capitalista weberiano na medida em que incorpora o que Frank Knight distinguiu entre risco calculado e incerteza, sobretudo em épocas de crise de confiança.

Essa, a confiança, é a pedra angular que consolida a reputação de produtos, empresas ou mesmo países. O desempenho econômico sólido e transparente de um negócio é elemento necessário, mas não suficiente, para lastrear seu conceito. Além dos aspectos materiais, é fundamental conhecer a alma da companhia, o que Hauriou cunhou como característica central de qualquer instituição: a clara noção da obra a realizar.

Marcílio então retorna a Weber e às éticas da convicção e responsabilidade. Essa última, ao preocupar-se com as consequências da ação, foca no futuro, tanto para o indivíduo, a empresa e o mercado quanto para o governo e o Estado. E este tem que avaliar o caminho já percorrido e concentrar atenções no que falta cursar, tais como desenvolvimento e sustentabilidade, que são processos, não pontos de chegada. Nas palavras de San Tiago Dantas, a contemporização com o presente, tal como a violência em detrimento do futuro, são formas de deslealdade com a história e não conseguem ser de duração prolongada.

Em seguida, o estudo foca nas empresas duradouras e exitosas, cuja característica fundamental é o fato de se manterem fiéis a seu ideário central, ao mesmo tempo que estimulam progresso e mudança em tudo que não faz parte do núcleo original. Já para Lipovetsky, a ética dos negócios é característica da pós-modernidade, e a preocupação moral deixou de ser algo periférico ou esporádico, passando a integrar o núcleo central da empresa para além de suas meras obrigações legais.

Por outro lado, incluir a ética como um valor central não autoriza as pessoas jurídicas a utilizá-la como simples bandeira mercadológica. E a sociedade deve ser mais rigorosa ao avaliar tais providências em vez de focar apenas no curto prazo, com ênfase obsessiva em resultados de cada trimestre, que acaba superando a preocupação indispensável com a sustentabilidade da empresa.

É longa e penosa a construção de uma reputação de comportamento ético, responsabilidade social e sustentabilidade ambiental, que pode ser destruída em um átimo se alguma surpresa, imprevidência ou desvio comportamental vier a plantar semente de dúvida quanto à sinceridade com que os valores e ideias-força são preservados, tanto em épocas de euforia quanto em momentos de crise.

O documento, já perto do final, volta ao dilema Estado *versus* mercado para buscar um equilíbrio entre as posições, resgatando o princípio da subsidiariedade, que harmoniza as direções centrais com aplicações descentralizadas, tal como vigente na União Europeia. Ao mercado caberia a produção dos bens e serviços necessários à dignidade da vida em sociedade usando sua capacidade de inovar e operar com agilidade e eficiência. E ao Estado, caberiam a tarefas de regular, fiscalizar e arbitrar em última instância, além de usar sua autoridade nas áreas em que o mercado for incapaz de se desincumbir dos interesses da comunidade.

Bento XVI e sua encíclica *Caritas in Veritate* são evocados em seguida. Naquele documento, o papa sustenta que o mercado é a instituição econômica que permite o encontro entre pessoas usando contratos para trocar bens e serviços a fim de satisfazer suas necessidades e desejos. E que a Igreja enfatiza a importância de justiça distributiva e social para a economia de mercado.

Marcílio comenta que tais princípios também se aplicam ao Estado. Menciona, a título de exemplo, como era triste, em 2008, ver-se o debate sobre a reforma da previdência ser discutido quase que exclusivamente por sua viabilidade financeira. Não atentando, por conseguinte, para pontos fundamentais como justiças distributivas e intergeracionais, imposição ética incontornável quando se levam em conta passivos, explícitos ou recônditos, sejam financeiros, ambientais ou de ordens diversas. Após outras considerações, o *paper* se encerra com um chamamento antológico:

> Urge que o Estado, o mercado e a sociedade civil reaprendam – já que parecem ter esquecido – a mostrar apreço à confiança, à verdade, à perseverança, à obediência à lei, ao respeito à coisa pública e à propriedade privada, à solidariedade com o outro, assim como ao compromisso com as qualidades morais mais nobres que, só elas, serão capazes de emprestar sentido pleno ao viver em sociedade, substituindo fúteis deslumbramentos ou estéreis pessimismos por tranquila segurança, enobrecedora dignidade e renovada esperança no porvir.

2.
O desafio

Eleito em fins de 1989, Fernando Collor de Mello assumiu a Presidência da República em 15 de março de 1990 com um discurso modernizador. A substância do documento foi dada pelo embaixador e acadêmico José Guilherme Merquior, um dos principais ideólogos daquele governo, cujas linhas gerais denominou de *social-liberalismo* (que podia ser sintetizado em liberalização econômica com preocupação social). Já a forma coube ao também diplomata Gelson Fonseca Jr.

No entanto, no dia seguinte, foi implantado o chamado Plano Collor, que se notabilizou não por seus objetivos e efeitos benéficos, mas pelo congelamento de ativos financeiros acima de 50 mil cruzados. Entre os objetivos positivos, estava combater a inflação, reduzir o déficit público, modernizar o país e liberalizar sua economia. As principais medidas adotadas foram no sentido de extinguir e privatizar estatais, demitir funcionários públicos excedentes, elevar impostos, extinguir subsídios públicos a empresas privadas, congelar preços e salários, reintroduzir o cruzeiro como moeda nacional e acelerar a abertura comercial iniciada na gestão de Maílson da Nóbrega, ministro da Fazenda durante a Presidência de José Sarney. Nesse contexto, fazia todo o sentido a busca pela redução dos contenciosos internacionais, sobretudo com os Estados Unidos.

Seguiram-se pouco mais de mil dias de governo entre a posse, em 15 de março de 1990, e a renúncia, em 29 de dezembro de 1992, dos quais o novo presidente passou os últimos três meses afastado pelo processo de impeachment. Collor foi eleito por um partido nanico, o PRN – Partido da Reconstrução Nacional, criado a partir do antigo PJ – Partido da Juventude especialmente para abrigar a sua candidatura presidencial em 1989. Tal fato foi determinante na instabilidade política de todo aquele período. Apesar de ver aprovadas no Congresso medidas impopulares iniciais como o confisco dos recursos financeiros dos brasileiros citado acima, o governo nunca contou com uma base sólida no Parlamento.

Por essa mesma razão, Collor não dispunha de quadros com os quais governar. A própria indicação de Zélia Cardoso de Mello foi, na verdade, um improviso mal costurado. O presidente a havia conhecido quando das negociações do governo de Alagoas com a equipe ministerial da Fazenda sob comando de Dilson Funaro à época.

No entanto, existiam desafios que precisavam ser superados, como a redução do papel do Estado na economia, as consequentes privatizações, a eliminação dos contenciosos internacionais de propriedade intelectual e informática, o aprimoramento da indústria automobilística, a estabilização da economia com o prosseguimento do combate à inflação etc.

É preciso não esquecer que essa agenda não deixava de se alinhar com o que se convencionou chamar de Consenso de Washington. E o presidente Collor, sempre bem informado, estava absolutamente consciente de que tal pauta fazia parte da modernidade que ele pretendia para o Brasil.

Como embaixador do Brasil nos Estados Unidos, eu estive presente no seminário em Washington no qual se cristalizaram essas ideias. Ele ocorrera em 6 e 7 de novembro de 1989, no meio tempo entre o primeiro e o segundo turno das eleições no Brasil. Organizado pelo Institute for International Economics, o encontro tratou de reformas econômicas na América Latina. Quem expôs os dez pontos do Consenso, em conferência a que assisti, foi o economista John Williamson, conhecedor do Brasil, casado com uma mineira que chegou a candidatar-se, sem êxito, ao cargo de deputada. Do Brasil, apresentaram *papers* Eliana Cardoso e Daniel Dantas, estando Eliana presente à reunião.

Apesar de ter gozado de razoável simpatia e aceitação pública, no início a ministra Zélia começou a sofrer uma corrosão, a meu ver, autoinfligida. O romance com o ministro da Justiça de então, Bernardo Cabral, foi o detonador do processo. Em setembro de 1990, já havia ocorrido em Brasília o famoso episódio "Besame Mucho", que escancarara os acontecimentos.

Pouco depois, também em Nova York, houve a cena bizarra da ministra posando em uma carruagem de aluguel do Central Park. Já em abril do ano seguinte, aparece em inconveniente disputa com o secretário do Desenvolvimento Nacional, Egberto Batista, em torno de quotas de importação da Zona Franca de Manaus, disputa a qual incluía também o, àquela altura, já apenas advogado Bernardo Cabral. Testemunhei, no mesmo abril de 1991, estranha coincidência do encontro de ambos em Nova York, mas sem nada de explícito (eis que corria que o *affair* havia terminado).

A negociação da dívida interna se arrastava em clima de atrito. Nesse meio tempo, havia sido colocado em prática o Plano Collor II, com um nefasto congelamento de preços, e que prenunciava uma explosão futura, quando da inevitável liberação. Esses fatores, postos juntos, criavam um quadro extremamente difícil que, fatalmente, crucificaria a ministra.

Em 7 de maio de 1991, por volta de 11h45, eu estava na embaixada recebendo o jornalista Pedro Cafardo, do *Estado de S. Paulo*, quando meu chefe de gabinete – José Carlos da Fonseca Júnior, que viria a ser deputado federal, secretário de Finanças e é hoje da Casa Civil do Espírito Santo – me passou um bilhete dizendo que o ministro da Justiça Jarbas Passarinho estava ao telefone. Pedi licença, recolhi-me a uma saleta reservada e atendi o telefone. O ministro foi direto:

> Estamos em uma crise e a ministra Zélia vai deixar o ministério. Estivemos conversando e há uma convergência em torno de seu nome. O presidente tem toda a confiança no senhor e o empresariado de São Paulo já se manifestou favoravelmente...

O ministro acrescentou também que eu incutiria confiança tanto no Brasil quanto no exterior.

Eu precisava consultar a família para decidir. Perguntei o prazo para resposta. Ele me deu uma hora, não mais do que isso, visto que o presidente tinha ido a um almoço na embaixada da Espanha e, na volta, queria ter a decisão.

Consultei minha mulher, Maria Luiza, e minha filha, Rosa Amélia, que ficaram assustadíssimas. Liguei também para minha mãe que, aos 95 anos de idade, foi taxativa: "Um convite desses não se recusa...". Em seguida, retornei ao ministro da Justiça: "Aceito conversar, mas a conversa tem de ser mais detida com o presidente, para discutir princípios, condicionantes e expectativas."

A partir de então, o episódio assumiu conotações mais ou menos rocambolescas. Tinha que seguir incógnito para o Brasil naquele mesmo dia. O esquema foi montado pelo general Agenor Homem de Carvalho, chefe do Gabinete Militar, que me deu as instruções.

Cancelei uma viagem e conferência marcadas para Chicago e transferi a passagem para Miami, embarcando na Varig para o Rio de Janeiro. Para preservar o anonimato, sequer fui para a sala VIP em Miami. Collor ia chegar à Base Aérea do Galeão ainda pela manhã para retornar a Brasília. Às 10h30 eu devia estar oculto no compartimento reservado ao presidente no avião da FAB, cerca de 30 minutos antes da partida. Assim foi feito tudo em sigilo, sob os auspícios do pessoal da Casa Militar.

O presidente chegou no horário e, durante os 80 minutos do voo para Brasília, conversamos longamente. Na viagem de Miami ao Rio de Janeiro, eu tinha preparado um roteiro de conversa para enfatizar determinados pontos. Afirmei que ficara sensibilizado com o convite, mas que, no entanto, era uma transição difícil para mim e minha família. Além disso, sua visita a Washington estava próxima – ela se daria em cerca de 40 dias – e não era possível indicar um novo embaixador dentro do prazo. Eu teria que acumular as duas funções; e naturalmente, sem acúmulo de salários.

Adicionalmente, adverti que precisava de liberdade para indicar os postos-chave da equipe e que haviam muitas intrigas envolvendo nomeações. Nesse ponto, Collor foi enfático, afirmando que eu jamais deveria ouvir terceiros que se fizessem de emissários dele sobre empréstimos, nomeações e quaisquer concessões, até mesmo seus amigos ou irmãos. Qualquer indicação ou providência seria solicitada por ele pessoalmente – atitude a qual ele manteve até o fim.

Eu já tinha acentuado que não me agregava qualquer capital político, a não ser uma vida honrada, dedicada ao país, bem como experiência em funções diplomáticas, empresariais e acadêmicas. Disse-lhe, ainda, que não contasse comigo para elaborar planos mirabolantes. Era preciso resgatar a esperança sem semear ilusões.

Finda a viagem, o rocambolesco da situação prosseguiu. Fui levado secretamente para almoçar numa excelente churrascaria no setor gráfico de

Brasília, conduzido logo após ao Planalto para prosseguir os entendimentos. Ao chegar, fui levado ao chefe da Assessoria Econômica do presidente, Celso Marcos Vieira de Souza, que havia sido meu ministro-conselheiro em Washington. Avisada minha chegada, fui chamado ao gabinete presidencial. O presidente disse-me que inicialmente teria de avisar o ministro das Relações Exteriores, Francisco Rezek, da minha vinda a Brasília, e informá-lo do convite que me fizera para o ministério.

Durante o voo, quando falamos de minha substituição em Washington, sugeri o nome do embaixador Rubens Ricupero. A indicação era prerrogativa do ministro das Relações Exteriores, mas Collor tomou como sua a ideia e a mencionou por telefone a Rezek, que a aceitou prontamente.

Após essa conversa, o presidente comunicou-se com a ministra Zélia e determinou que ela estivesse em Brasília naquele mesmo dia, tão cedo quanto possível, para informar-lhe de minha nomeação. Ela chegou por volta das 19h30. Estavam com o presidente apenas eu e o ministro Passarinho.

No livro *Zélia: uma paixão*, escrito por Fernando Sabino, fica claro que ela pedira demissão em 6 de maio e que o presidente solicitara que ela permanecesse no cargo aguardando o substituto. Zélia tinha a esperança de que fosse escolhido alguém afinado com sua equipe econômica ou, ainda, que o presidente acabaria insistindo para ela ficar. Contudo, ao me encontrar, Zélia percebera que não lograra êxito. No livro, é feito ainda um comentário pouco correto, afirmando que, naquele momento, ela via que os defensores dos nossos credores tinham vencido, como se eu estivesse a serviço de outros interesses que não os do Brasil.

Conversamos por cerca de meia hora e a ministra despediu-se. O presidente marcou a posse para o dia 10, sexta-feira e, imediatamente, telefonou para o Roberto Marinho para que a notícia da substituição fosse ao ar como um furo, ainda naquela noite, dado pelo *Jornal Nacional* de Rede Globo.

O inusitado da situação prosseguia, pois o governo não queria que eu falasse com a imprensa. Assim, fui levado para o Carlton Hotel, único que tinha acesso por garagem subterrânea em Brasília, e instalado numa suíte onde jantei e pernoitei.

Enquanto isso, a ministra Zélia foi para o gabinete e passou a noite confabulando com sua equipe. Houve choro e lamentos coletivos. Programaram uma demissão unânime, o quê, de fato, praticamente ocorreu, e me deixou de início preocupado. Mas, pensando bem, foi uma benção em meio ao tumulto. Mantida a equipe, ou grande parte dela, teria sido mais difícil implementar a política que eu visualizava.

No dia seguinte, tive novo encontro com a ministra. Ela encarregou o então secretário de Política Econômica Antônio Kandir de preparar a transição. Solicitei uma série de dados sobre a economia e seus problemas relevantes, como situação fiscal e monetária, descongelamento, reservas, dívida externa etc., mas não cheguei a obter nenhuma dessas informações. Recebi apenas um dossiê com coisas absolutamente formais.

Assim mesmo, segui em frente, dando início a uma nova etapa, a partir da posse no ministério em 10 de maio de 1991.

As primeiras reações à minha indicação para o ministério foram muito favoráveis. O *The New York Times* de 10 de maio enfatizou: "Ao fazer a troca, Collor substituiu a juventude pela experiência e soluções caseiras radicais por remédios ortodoxos, aceitos internacionalmente."

A matéria prosseguia com observações positivas e citava personalidades do mercado financeiro, como Joel Korn, executivo-chefe do Bank of America no Brasil, que declarou: "Marcílio traz um ingrediente-chave: credibilidade." Roberto Campos, então deputado federal pelo Rio de Janeiro, comentou: "Marcílio tem o que faltava ao governo Collor até então: experiência empresarial e em negociações internacionais." A reportagem citava ainda William Rhodes, do Citibank, que chefiava o comitê de bancos credores do Brasil: "Marcílio é respeitado tanto como banqueiro quanto como diplomata e tem as melhores conexões de qualquer embaixador em Washington."

A reação positiva dos mercados expressou-se na negociação dos papéis da dívida do país que, após a indicação, subiram no mercado secundário de Londres. Em Washington, a expectativa era que minha indicação aplainasse a visita de Collor aos Estados Unidos no mês seguinte.

A posse como ministro ocorreu em cerimônia no Palácio do Planalto, às 11 horas da sexta-feira, 10 de maio de 1991. Minhas palavras na ocasião reiteraram a fidelidade às diretrizes presidenciais, nos termos do social--liberalismo cunhado por Merquior:

> (...) Vou cumprir à risca sua orientação no sentido de aprofundar a concretização das ideias-mestras do programa que Vossa Excelência apresentou à nação em seu discurso de posse, no dia 15 de março do ano passado.

Naquele que é o seu Projeto de Reconstrução Nacional, estão as diretrizes de um liberalismo moderno com forte consciência social, sintonizado com os anseios da coletividade: dos trabalhadores, dos empresários e, acima de tudo, de todos os cidadãos irmanados na busca do bem comum.
Tal como Vossa Excelência, sou um liberal na medida em que acredito, com convicção, serem a liberdade política e econômica intimamente entrelaçadas; sou um liberal na medida em que isso implica assegurar a todos condições de vida que permitam a realização plena da liberdade, da cidadania e da pessoa humana (...)

Após palavras protocolares de elogio à minha antecessora, cogitei algumas considerações pessoais:

(...) Chego a esse ponto culminante de minha vida profissional com o aprendizado de uma experiência diversificada no setor público, na diplomacia, na iniciativa privada, no mundo acadêmico. Penso ter uma consciência clara da complexidade do Brasil e do mundo em que vivemos. Essa consciência ensinou-me a necessidade da modéstia, a verdade incontornável de que ninguém pode saber tudo. Mas se sou modesto na compreensão de minhas limitações pessoais, não o sou na confiança que tenho em relação ao futuro dos destinos do país. Estou convencido que urge resgatar a esperança (...)

Finalmente, o fecho do discurso foi uma menção ao santo do dia, Antonino de Florença. Ele foi um dos primeiros teóricos da ciência econômica, e me havia sido lembrado pelo embaixador Dário Castro Alves num fax que enviou de Lisboa cumprimentando-me pela indicação. Santo Antonino já tinha, inclusive, uma ideia da inflação, da moeda que perde peso para se pagarem menores salários reais, embora mantidos os nominais, algo que rechaçava com veemência.

A transmissão do cargo se deu no mesmo dia, mais tarde. Pronunciei palavras razoavelmente rápidas, mas de grande significado para mim. Comecei por recordar que retornava ao ministério após 27 anos de ausência, pois lá tinha trabalhado com San Tiago Dantas quando de sua passagem pela pasta da Fazenda. Em seguida evoquei, emocionado, a dedicação ao serviço público de meu pai, Mário Moreira da Silva, funcionário exemplar.

As considerações seguintes disseram respeito à minha visão sobre nosso país e suas ânsias:

(...) O Brasil quer ser moderno e quer, acima de tudo, construir uma sociedade identificada com padrões de justiça social, liberdade política e econômica, e vertebrada em torno de nova ética, dirigida à valorização do trabalho e da dignidade humana... A história dos países que alcançaram êxito no mundo contemporâneo comprova que é preciso buscar uma definição nítida da vontade nacional, uma ideia clara da obra a realizar... Sem perspectiva de longo prazo, sem projeto de desenvolvimento e sem compromisso com a modernidade, nenhum país pode dar o salto qualitativo necessário para ingressar no terceiro milênio... Confio nas perspectivas que se abrem no presente para a concretização dos quatro objetivos principais da reforma do Estado, incluídas no programa que o presidente da República apresentou à nação em seu discurso de posse, em 15 de março do ano passado:

– Restituir ao governo as suas funções clássicas, deixando para a iniciativa privada as tarefas nas quais esta, comprovadamente, demonstra melhor capacidade de desempenho;
– Desregular a economia e confiar nos mecanismos de mercado;
– Inserir o país de forma dinâmica e competitiva nos fluxos internacionais de comércio, financiamento e tecnologia;
– Redefinir e atualizar nosso modelo de desenvolvimento, de modo a adequá-lo às transformações radicais que o mundo vive.

Não se iludam, porém, aqueles que estão procurando interpretar o momento político como uma revisão das prioridades do governo. O combate à inflação continua a merecer atenção máxima. O desmantelamento dos cartórios que inibem a concorrência e a competitividade prosseguirá. A presença do Estado nas áreas sociais, com destaque para a educação e a saúde, e no domínio da capacitação científica e tecnológica será redobrada, eis que crucial à preparação do país para a modernidade. A renegociação da dívida externa seguirá seu curso, o relevante esforço de integração regional se aprofundará e o fortalecimento de vínculos mutuamente vantajosos com a comunidade internacional continuará a ser buscado...

Aceitei a convocação do presidente da República para assumir o Ministério da Economia, Fazenda e Planejamento porque compartilho integralmente seu compromisso com a democracia e com a construção de um país mais próspero, digno e livre... No exercício de minhas funções, procurarei ouvir, atentamente, os anseios de todos os setores da sociedade brasileira, porque estou convencido, assim como o presidente também o está, de que dela deve partir a definição de metas consensuais para um Brasil revigorado. É com esse espírito aberto, e movido pelo mais profundo orgulho de ser brasileiro, que darei tudo de mim para servir a esta grande nação.

Assumido o ministério e fundado nas premissas estatuídas nos discursos de posse e transmissão, a missão seguinte seria prosseguir na montagem da equipe econômica, além de auscultar e entender as reações mediatas que se sucederam.

3.
Os companheiros de jornada

Um dos tópicos nevrálgicos na tentativa de consolidar o governo que se revela instável é a qualidade da equipe que vai compô-lo. Sob tal ponto de vista, não tenho dúvidas de que logrei um grande feito, naqueles idos de 1991.

Após o primeiro susto de ver praticamente toda a equipe anterior sair, o que depois considerei como uma benção em meio ao tumulto, consegui agregar pessoas de alta capacitação.

A prova disso é que, dez anos depois, vários eram ou tinham sido ministros de Estado, como Pedro Malan, Pedro Parente, Martus Tavares, Alcides Tápias, José Gregori, Cláudia Costin e Sérgio Cutolo. Um, Arminio Fraga, era presidente do Banco Central (Bacen), e outro, Francisco Gros, do Banco Nacional de Desenvolvimento Econômico e Social (BNDES), além do então ministro das Relações Exteriores, Celso Lafer, que, sem ser da equipe, era um de nossos mais próximos colaboradores.

A primeira pessoa que convidei foi Francisco Gros, que conhecia do Unibanco, onde trabalhamos juntos, e que depois voltei a encontrar, eu como embaixador, e ele como presidente do Banco Central, num momento extremamente dramático, logo antes e depois da declaração da moratória de 1987, cujos termos o próprio presidente José Sarney pediu-nos para moderar, a fim de evitarmos reações drásticas por parte de nossos credores externos. Indiquei-o mais uma vez para o Banco Central e, já na quinta-

-feira seguinte, o presidente mandou seu nome para o Senado, mesmo antes de minha posse.

Liguei então para uma série de pessoas em quem tinha toda confiança e pedi que viessem a Brasília, dizendo: "Ou vocês participam da minha equipe, ou me ajudem a formá-la." Para quem é de fora é uma coisa normalmente desagradável passar um fim de semana em Brasília, mas todos vieram. Além do Gros, chegaram Pedro Malan, de Washington, Edmar Bacha e Winston Fritsch, do Rio de Janeiro, e Celso Lafer, de São Paulo. Celso Marcos Vieira de Souza, que estava no gabinete do presidente, também concordou em trabalhar comigo. Já no sábado, tive o primeiro despacho com o presidente, e ele pediu que eu fechasse a equipe até a terça-feira. Foram momentos de tensão, porque esse era um prazo muito curto. À medida que alguém aceitava participar da equipe, passava a fazer parte daquele esforço conjunto para fechá-la.

Eu tinha pedido um organograma do ministério, lembrando que o presidente Kennedy, quando escolheu o dele, fez uma espécie de matriz, pondo os nomes e, ao lado, uma pontuação. Eu tinha pensado no Malan inicialmente para secretário nacional de Política Econômica. Na primeira lista que fiz, constavam os nomes de Malan e Kandir, pois ainda levava em conta a hipótese dele permanecer. Ao fim, Kandir não ficou e Malan alegou falta de condições de deixar Washington. Contudo, tendo em vista seu desejo de colaborar, resolvi então que Malan seria o nosso novo negociador da dívida externa.

O negociador anterior era o embaixador Jorio Dauster, mas sendo tão atritada a situação, tive que substituí-lo. Não logo, porque ainda estava fechando a negociação dos IDUs – Interest Due and Unpaid, primeiros títulos emitidos para o Brasil pagar os juros atrasados. Dauster foi realmente muito elegante. Na primeira viagem, chegou a ir com o Malan para apresentá-lo. Foi de extrema correção e profissionalismo.

Queria que outros que chamei a Brasília ficassem no governo. Mas havia problemas pessoais. Bacha estava recém-casado, a mulher do Winston estava grávida e Celso Lafer, que eu cogitara para secretário-executivo, tinha sua empresa. Para o cargo, consultei ainda, por telefone, Carlos Antonio Rocca e Paulo Cunha, mas cada qual estava atrelado a determinadas obrigações.

Liguei então para o Maílson da Nóbrega e disse-lhe que entendia como fundamental ter no posto alguém que conhecesse a máquina administrativa, pois sabia que Mário Henrique Simonsen tinha tido problemas com a burocracia ministerial por falta de interlocução. E perguntei quem havia sido essa peça em seu período como ministro. Ele disse que ela havia sido Luiz Antônio Gonçalves, para quem telefonei, perguntei algumas opiniões e o convidei para ser o secretário-executivo do ministério.

Na Secretaria Nacional de Política Econômica, Malan, não podendo ficar, e Kandir tendo saído, cheguei a pensar no Persio Arida. Mas, durante o fim de semana após a posse, Franco Montoro me ligou, lembrando que Roberto Macedo estava disponível e aceitaria um convite. Chamei-o, mas houve hesitação inicial de sua parte, alegando boatos de corrupção no governo. Redargui que no ministério não havia nem haveria isso, e ele finalmente aceitou.

Na Secretaria Nacional de Fazenda, Luiz Fernando Wellisch decidiu permanecer. Na Secretaria de Planejamento, depois de algumas dúvidas, acabamos escolhendo o Pedro Parente, que estava dirigindo o Serviço Federal de Processamento de Dados (Serpro) à época. Na Secretaria Nacional de Economia, o primeiro convite foi para João Batista de Abreu, que tinha razões pessoais para não aceitar, mas indicou Dorothea Werneck, que se prontificou a assumir. Na Procuradoria-Geral da Fazenda Nacional (PGFN), por recomendação creio que de Celso Lafer, foi nomeado Tércio Sampaio Ferraz Junior, um dos advogados mais competentes e íntegros que conheço.

É fundamental mencionar também a escolha da diretoria do Banco Central. Além do Francisco Gros, foram selecionados Pedro Bodin, professor de política monetária na PUC-Rio, Arminio Fraga, que tinha vasto lastro acadêmico e familiaridade com o mercado, Nelson Carvalho, um rigoroso diretor de fiscalização, e foram mantidos Gustavo Loyola, como diretor de normas, e Cincinato Rodrigues, na área administrativa.

As únicas sugestões do presidente Fernando Collor de Mello para a equipe econômica, mesmo assim, sem imposições, foram Lafaiete Coutinho, para o Banco do Brasil, e Álvaro Mendonça, para a Caixa Econômica Federal. Dei alguns telefonemas para me informar. Roberto Campos e Roberto Bornhausen comentaram que Lafaiete tinha boa reputação por seu trabalho no Banco Econômico. Após dizer ao presidente que concordava, chamei-os para conversar e os convidei.

Em seguida, foram sendo preenchidos outros escalões do governo. Ary Oswaldo Mattos Filho continuou na Comissão de Valores Mobiliários (CVM). Tive uma longa conversa com Eduardo Modiano, que era presidente do BNDES. Havia sugestões para que se desmembrassem as tarefas de privatizações do banco propriamente dito. Ele não concordava com a tese, pois entendia que o BNDES tinha a "faca e o queijo na mão" na transferência de estatais à iniciativa privada, no que, a meu ver, estava correto. E assim, sob a sua presidência, permaneceram íntegras as duas estruturas dentro do banco de fomento.

Houve alguns poucos entendimentos mais difíceis. Nunca é simpático pedir a alguém para sair. Conversa difícil foi com o Romeu Tuma, que acumulava a Polícia e Receita Federais, tarefas complexas demais para serem tocadas ao mesmo tempo. O presidente pretendia liberá-lo para cuidar apenas do primeiro órgão, mas tudo se resolveu a contento.

Não tenho dúvidas que a escolha da equipe foi feita com base em critérios estritamente profissionais, sem qualquer interferência política. Ela foi muito feliz.

Na terça-feira, dia 14, levei os nomes ao presidente, sendo aprovados de imediato, com os respectivos atos publicados no dia seguinte. Na quinta-feira, 16, tive a primeira reunião da equipe no ministério. Não foi feito qualquer ato público. A posse foi em torno da mesa de trabalho. Na ocasião, afirmei que tinha procurado a prata da casa e encontrara ouro.

A partir de então, todas as terças-feiras, a equipe ia ao ministério para uma reunião naquela sala que eu conhecia do tempo do San Tiago Dantas. Iam todos os secretários e diretores do Banco Central, presidentes do BNDES, da CVM, do Banco do Brasil e da Caixa Econômica Federal. Isso ajuda muito. Em minha opinião, ter reuniões regulares é extremamente importante. Nesses encontros sente-se o clima e é dado o tom e, muitas vezes, assuntos importantes subjacentes vêm à tona.

Enquanto trabalhávamos a construção da equipe nos primeiros momentos da minha gestão, seguiam as reações concomitantes que transbordavam das sessões do Congresso ou pela imprensa.

Na segunda-feira, 13 de maio, primeiro dia útil após a posse, o Senado assistiu a mais uma das manifestações estranhas do senador Eduardo Suplicy (PT-SP), que refletia sobre os rumos a esperar após minha nomeação. Num pronunciamento cheio de interrogações, Suplicy terminava com uma dúvida esdrúxula: se eu iria ouvir os banqueiros internacionais ou os trabalhadores que haviam marcado uma greve geral para os dias 22 e 23. Era como se os temas internacionais fossem totalmente vinculados às demandas internas. Tal dilema era de difícil compreensão.

Na mesma sessão, o senador Nei Maranhão (PRN-PE) apoiava a escolha feita pelo presidente:

> (...) o presidente Collor escolheu sem ouvir ninguém, um servidor público, o diplomata Marcílio Marques Moreira, homem com reconhecida formação intelectual, política e econômica que, pela profissão que exerce, é uma garantia de que cumprirá exatamente a linha traçada pelo presidente da República. (...) O novo ministro Marcílio Moreira diz que não haverá mudanças substanciais na política econômica. (...)

As colunas especializadas em futricas políticas se deliciavam. Na terça-feira, 14, o Painel da *Folha de S. Paulo* principiava com a saída de Tuma da Receita Federal, que foi, de fato, um episódio desagradável. A matéria prosseguia com uma nota sobre dificuldades que eu teria em atrair nomes do setor privado para a equipe, em função dos baixos salários na área estatal. Logo adiante, afirmava que eu brecara tentativas de alguns credores que pretendiam passar por cima de Jorio Dauster, negociador da dívida externa. Dauster foi, sem dúvida, de uma correção impecável na transição da negociação da dívida externa.

Na mesma data, o corpo do jornal noticiava que, na véspera, Francisco Gros se submetera à sabatina de praxe no Senado Federal e comentava aspectos daquele depoimento. Assim também enunciava, em observação um tanto sarcástica, que figuras do período Sarney voltavam ao governo comigo, e citava Dorothea Werneck, Luiz Antônio Gonçalves, Pedro Parente, Luiz Fernando Wellisch e Francisco Gros, todos dedicados brasileiros que se prestavam, apenas, a continuar servindo ao país.

Na sessão do Senado Federal daquele dia ocorreu um ácido e pouco cabível pronunciamento do senador Cid Sabóia de Carvalho (PMDB-CE) sobre a indicação de Francisco Gros para o Banco Central. O senador desqualificava as opiniões, a formação intelectual e o depoimento de Gros, naquela manhã, na comissão de assuntos econômicos do Senado e garantia o voto contra a aprovação de seu nome para o posto, no que não foi seguido pela maioria de seus pares.

O senador Divaldo Suruagy (PFL-AL), certamente refletindo divergências alagoanas com o presidente, também se pronunciou naquela sessão de modo crítico sobre minha escolha para o ministério. Alegava que o Brasil precisava de um economista melhor do que minha antecessora, e não de um embaixador na condução de sua economia.

Em 18 de maio, tivemos uma reunião de equipes no hotel Copacabana Palace, no Rio de Janeiro, com Domingo Cavallo, ministro da Economia da Argentina. Foi uma primeira aproximação em que discutimos diversos aspectos das relações bilaterais, tais como nas áreas comercial, industrial e agrícola, além de diversos pontos macroeconômicos.

Entretanto, as interpretações esdrúxulas da imprensa prosseguiam. Naquele mesmo dia, a primeira página da *Folha de S. Paulo* noticiava que teria ocorrido na véspera uma reunião, que jamais existiu, de Pedro Malan com André Lara Resende e Francisco Lopes, autores de um projeto de dolarização da economia brasileira, semelhante à ocorrida na Argentina.

Não abandonei, na medida do possível e das novas atribuições, alguns dos meus hábitos dentre eles, longe do ambiente oficial, o cultivo da amizade com intelectuais, como relato a seguir uma deliciosa historieta.

Fundado em 1884, o Rio Minho, localizado no início da rua do Ouvidor junto ao velho cais da cidade, local da antiga praia do Peixe, e depois, do entreposto de pesca, na atual praça XV de Novembro, é o restaurante há mais tempo em atividade no Rio de Janeiro. Sua localização definiu-lhe a especialidade: frutos do mar. Contudo, ele também tem uma veia oculta: é uma casa de longa tradição diplomática.

Em sua parede frontal consta um retrato de corpo inteiro do Barão do Rio Branco, frequentador assíduo. Assim também ali nasceu a famosa sopa Leão Veloso, uma *bouillabaisse* cabocla criada por Paulo Leão Veloso, que fora embaixador do Brasil na França, onde se encantou com aquela iguaria típica da culinária marselhesa.

O Rio Minho foi a casa escolhida para um almoço, logo após a posse no ministério, com um grupo de intelectuais não envolvidos em economia. Sempre fui adepto de ouvir vozes variadas, que agregassem contribuições diversas daquelas habituais e não constantes de redomas classistas, profissionais ou corporativas. E esse era o objetivo do encontro. Queria opiniões distintas das dos economistas e burocratas com quem iria interagir dali em diante. Era necessário enxergar a realidade através de outros olhares, buscando um todo harmônico.

Estavam presentes Paulo Alberto Monteiro de Barros, meu velho amigo, mais conhecido como Artur da Távola, o sociólogo Hélio Jaguaribe, Herbert de Souza (o popular Betinho), o cartunista e escritor Ziraldo e o jornalista, hoje acadêmico, Zuenir Ventura. Com cada qual eu tinha uma relação de amizade particular.

Na véspera, havia sido publicada na imprensa uma charge que mostrava um unicórnio decepado. Ela aludia à queda da ministra Zélia, sugerindo que o governo se encontrava sem comando. Foi Betinho quem sugeriu que eu seria a cabeça a ser implantada no animal fantástico, de modo a lhe conferir novo rumo. E foi enfático ao dizer que eu tinha de me convencer de que era a cabeça que faltava, e agir de acordo com tal hipótese.

O respeito aos chargistas fez que este livro incluísse algumas das charges da época.

Dois ou três dias depois daquele almoço, o presidente Collor me disse:

> Vi que você tem muitos amigos. O Artur da Távola fez-lhe muitos elogios na televisão. Sem dúvida, houve esse tipo de estímulo fundamental, logo ao início da jornada, e advindo de várias origens.

AIDE-MÉMOIRE 1
Construir moinhos

LUIZ ANTÔNIO GONÇALVES
(Secretário-executivo do Ministério da Fazenda à época)

É uma verdade cervantina: "A História é êmula do tempo, repositório dos fatos, testemunha do passado, exemplo do presente, advertência do futuro."

De Collor a Temer, passaram-se um quarto de século, dois impedimentos de presidente da República, seis Copas do Mundo, três padrões monetários e algumas dezenas de escândalos envolvendo políticos, governos e empresários.

Tenho sido um brasileiro atento à nossa conjuntura por todos esses anos, e mantenho – desde Brasília, onde fiz a minha carreira de servidor público, até Cataguases, onde cultivo as minhas raízes – o hábito de acompanhar diariamente o noticiário da imprensa. Colecionei assim títulos e trechos de matérias, alguns dos quais reproduzo aqui:

"O pacote ainda é assunto no Congresso. As medidas comentadas pelos parlamentares são fiscais: corte de gastos e reforma tributária."

"A equipe econômica está decidida a desobstruir os canais de comunicação entre o Legislativo e o Executivo, seguindo o novo modelo de governar do presidente da República."

"Para compensar a rolagem das dívidas dos estados, o governo estuda a criação de mais uma alíquota de imposto de renda, de 35%, para os maiores salários."

"O governo está promovendo uma articulação com os governadores para obter apoio à aprovação da reforma fiscal."

"De nada adianta jogar tudo no ajuste econômico, sem concessão à área política, se há o risco do próprio governo não sobreviver a um processo de impedimento."

"Governos vão negociar dívida de US$ 60 bilhões com a União."

"Levantamento da *Folha* indica que já há votos suficientes para o impeachment."

Proponho ao leitor o desafio de identificar, ainda que de forma aproximada, o período em que essas notícias foram veiculadas. O fato dessa tarefa ser virtualmente impossível é uma demonstração simples de que, passados 25 anos (a primeira matéria é de 1991 e a última, de 1992) nada mudou no Brasil, e que seus governos e suas elites continuam incapazes de resolver os problemas estruturais de nossa economia.

Em 1992, Brasília fervia com um processo de impedimento do presidente da República, inflação em alta, crise fiscal, recessão, desemprego e estados em estágio pré-falimentar. Vários dos problemas, como as questões fiscal e tributária, permaneciam na pauta, mas outras questões foram atacadas, principalmente na segunda fase do governo Fernando Collor de Mello.

Uma questão parecia ter sido resolvida e deveria ser assunto do passado, mas voltou com força total – a falência fiscal dos estados. Tive oportunidade de participar da negociação de 1991-1992 como secretário-executivo do então Ministério da Economia, Fazenda e Planejamento; e hoje, como tantos moradores do Rio de Janeiro, sofro efeitos perversos da dívida criada por governos incompetentes e eventualmente corruptos.

Em 1990, Fernando Collor foi eleito pelo inexpressivo PRN e, mesmo sem base parlamentar, começou seu governo mais poderoso do que o Congresso, que estava em final de mandato, aprovando até mesmo o bloqueio das cadernetas de poupança. Contudo, já no ano seguinte, o primeiro Congresso com poderes efetivos desde 1964 seria eleito, cuja autonomia permitia inclusive alterar o orçamento da União proposto pelo Poder Executivo. Collor, enfraquecido pelo fracasso de seu plano econômico e pelas acusações de corrupção, teria que negociar com um parlamento diferente – e esta foi parte da nossa incumbência.

O cientista político Brasilio Sallum Jr. analisou essa fase como sendo de "afirmação do Poder Legislativo", e os integrantes da equipe econômica, liderada por Marcílio Marques Moreira, encontraram em maio de 1991 um ambiente influenciado pelo novo poder dos parlamentares e pela posse de governadores de amplo prestígio e capacidade política. Collor tentava um novo *choque econômico*, depois de fracassar com o primeiro e seus ajustes, e tornara-se impopular por ter bloqueado a poupança. A inflação continuava em alta e seu governo havia produzido recessão e desemprego. De acordo com Sallum Jr., "nessa nova situação, o Congresso estava longe de ser refém do Executivo, como fora no início do governo Collor".

A equipe econômica precisava realizar a reversão das heterodoxias do Plano Collor II, como o congelamento de preços e as negociações salariais, enfrentar o ceticismo dos sindicatos e a oposição dos empresários a medidas ortodoxas na área tributária. E, acima de tudo, precisava lidar com um cioso Congresso e poderosos governadores para a inadiável renegociação do endividamento dos estados. A opinião pública começava a manifestar sua impaciência com um governo que dava mostras de cansaço, transcorridos pouco mais de doze meses da sua posse.

Com o cumprimento de palavra empenhada, a transparência das propostas e nos debates e infindáveis visitas, reuniões e contatos, gradualmente foi possível estabelecer uma relação de confiança com o Congresso; enquanto algumas questões econômicas evoluíam, incluindo o controle da inflação, partiu-se para as votações.

Ao final do ano de 1991, foram aprovados o ajuste fiscal *possível* e a rolagem das dívidas de estados e municípios, uma negociação mal compreendida inicialmente porque parecia leniente demais, exigindo explicações adicionais em várias frentes. No plano externo, participei de demoradas reuniões com o Fundo Monetário Internacional (FMI), que receava que as negociações pudessem ter comprometido os princípios delineados na Carta de Intenções encaminhada poucos dias antes. Contudo, tivemos sucesso.

Releva notar que existe um fator diferenciador nas negociações com um Congresso ameaçando votar o impedimento do presidente em 1991-92 e hoje: a existência de partidos e líderes fortes no Congresso e nos estados, viabilizando negociações e compromissos. A tarefa de nossos sucessores é hoje dificultada pela falta de confiança entre as partes e pela inexistência de verdadeiros líderes nas negociações. Que sejam, ambas as condições, construídas. São também palavras da lavra de Cervantes: "No puede impedirse el viento, pero hay que hacer molinos."

4.
Corrigindo distorções

Os primeiros dias no ministério constituíram uma autêntica maratona. Além da montagem da equipe e demais tarefas rotineiras, as demandas da imprensa por entrevistas exclusivas eram diárias. A partir de 16 de maio, conversei com *Veja*, *O Globo*, *Jornal do Brasil* e *Folha de S. Paulo*.

As perguntas dos jornalistas, sempre astutos, como não podia deixar de ser, diziam respeito às grandes interrogações daquele momento de transição. Os temas eram recorrentes, pois palpitantes. Questionaram eventuais dificuldades na formação da equipe, a quantidade de negativas que eu tinha recebido, ou como haviam sido as conversas e o processo decisório com o presidente. Assim também as incógnitas e possíveis soluções futuras sobre descongelamento de preços, devolução dos cruzados retidos e renegociação da dívida externa.

O jornal *O Globo* classificou meu estilo de atuação comparando-o com a política do "Big Stick" do presidente americano Theodore Roosevelt: suave, mas com um porrete na mão. Isso tinha sido uma instrução do presidente Fernando Collor de Mello no sentido de agir com brandura na forma, mas energia na substância.

Quanto à dívida externa e possibilidade de ingressos de novos capitais, mostrei-me sempre um otimista cauteloso, como devia ser. Estavam em curso acordos com os bancos comerciais estrangeiros, Fundo Monetário Internacional (FMI) e Clube de Paris, o quê, se concretizado, permitiria acesso ao Banco Interamericano de Desenvolvimento (BID), Banco Mundial e instituições japonesas.

Na minha visão, era preciso continuar buscando o ajuste fiscal e monetário para consolidar a estabilização, ao mesmo tempo que se procurava atender situações sociais mais prementes, como a epidemia de cólera que então grassava a região Norte do país.

Questionado pelos repórteres da *Folha de S. Paulo* sobre a contradição de meus princípios liberais com a manutenção do congelamento de preços, aleguei a existência da realidade como fundamento do liberalismo. E que havia uma situação de fato, sendo impossível de um dia para o outro liberar os preços, sob pena de sua explosão, prejudicando objetivos essenciais como o combate à inflação.

Fiz então a analogia entre o congelamento e uma panela no fogo. É preciso deixar escapar um pouco do vapor, ao mesmo tempo que se deve abaixar o fogo para não criar mais vapor. O fogo é a demanda, alimentada pelos aspectos fiscal e monetário. Se tivermos um bom controle da panela, é possível encontrar um equilíbrio.

Assim, fomos passando essa fase de questionamentos iniciais, preparando-nos para a árdua tarefa de corrigir as distorções deixadas na economia brasileira pelos tratamentos heterodoxos.

Um pouco adiante, em novembro de 1991, compareci à Câmara dos Deputados com o objetivo de prestar esclarecimentos sobre a política que estava executando. Fui enfático quanto à fuga a exotismos econômicos:

> Beiram a irresponsabilidade notícias e especulações de que o governo pudesse estar caminhando para um choque via hiperinflação, fenômeno que, por sua gravidade, como o demonstram exemplos históricos, corrói a estrutura econômica, esgarça o tecido social e põe em cheque a própria estabilidade política. Digo e repito, não haverá choque e não haverá hiperinflação.

Sempre afirmei que não esperassem alquimias econômicas ou financeiras. Inclusive, recordo-me que, quando certo colunista me chamou de ministro do "Plano Nada", retruquei imediatamente, dizendo ser ministro de "Nada de Plano".

Assim, coerentemente, a mesma tarefa do ministério se focou em especial na correção de distorções herdadas como a liberação dos cruzados novos retidos, descongelamento de preços e o agente na taxa de câmbio.

Antes de entrar nesses temas, começando pela devolução dos cruzados novos, cabe uma breve nota sobre seus antecedentes. O bloqueio de ativos financeiros pelo Plano Collor, que muitos entenderam como confisco, foi feito em dose talvez exagerada, criando sérios problemas para o pagamento de salários e de outros compromissos imediatos, para empresas, instituições filantrópicas e pessoas físicas, o que praticamente paralisou a economia. Foi-se então caminhando no sentido de evitar uma grave recessão. Abriram-se exceções, mas elas acabaram sendo tão volumosas que, no agregado, estimularam a volta da inflação, ao invés de estancá-la. Não se chegou de novo aos 84%, mas a inflação voltou, a ponto de ser necessário um novo programa, o Plano Collor II, já aí com congelamento de preços e salários.

Sabe-se pela experiência que, sempre que há um congelamento, quando se parte para o descongelamento, necessário para que a economia de mercado volte a funcionar, provoca-se o risco de explosão. Era isso que estava, senão já ocorrendo, prestes a acontecer. E havia, em meio a essa contingência, a iminência de devolução dos cruzados retidos, o que tenderia a agravar a explosão de preços.

Logo na primeira reunião, em 16 de maio de 1991, anunciei à equipe que o presidente tinha marcado para o dia 20, segunda-feira, um almoço no Palácio da Alvorada com lideranças parlamentares. Ia ser discutida – e ali ficou claro que esse era o tema mais premente – a devolução dos cruzados novos, que já seria feita em cruzeiros. Eu tomara conhecimento de que tínhamos que devolver, em doze meses a partir de setembro, o correspondente a US$ 27 bilhões. Isso significava a devolução, a cada três meses, de uma base monetária (papel-moeda emitido e reservas livres e compulsórias dos depósitos à vista dos bancos comerciais); em um ano, a devolução total seria o equivalente a quatro bases monetárias. Portanto, havia também, simultaneamente, que enxugar a liquidez, que poderia tornar-se explosiva.

Eram exatamente 7% do Produto Interno Bruto (PIB) à época, um volume espantoso. Naquele momento, o FMI alegava ser impossível obter equilíbrio fiscal, já que considerava a devolução como um gasto fiscal.

Contudo, nós mostramos e argumentamos que não se tratava de gasto fiscal: aqueles valores tinham sido depositados, existiam os donos, os proprietários das quantias e, assim, tratava-se de um estoque de poupança.

A primeira missão da equipe econômica foi, portanto, a devolução dos cruzados novos retidos pelo Plano Collor e sua distribuição ao longo do período acordado. Havia também, naquele momento, um movimento grande para antecipar a devolução – aquela coisa de que o brasileiro gosta: antecipar para usar em construção civil, para isso, para aquilo, liberar para investir etc. Estávamos em maio e teríamos que começar a devolver em 15 de setembro, quando se completavam os dezoito meses previstos. Discutimos muito a situação e chegamos à conclusão de que o dinheiro tinha que ser devolvido logo, pois o primeiro e mais relevante item da política econômica era a reconstrução do crédito público e isso seria impossível, domesticamente, sem a devolução dos cruzados retidos e, internacionalmente, sem uma negociação realista da dívida externa.

A devolução dos cruzados ocorreu em treze parcelas, a partir de 15 de agosto de 1991, com antecipação de um mês em relação ao cronograma original. Fizemos a devolução em treze, e não em doze parcelas, como estabelecido nas normas do Plano Collor. Decidimos também devolver integralmente todos os depósitos de valor inferior a duzentos mil cruzados novos, o que abrangia um grande número dos poupadores, em razão da alta concentração dos depósitos. Os instrumentos legais foram a Portaria nº 729 do ministério, assinada por mim, e a Circular nº 2.001 do Banco Central, de 6 de agosto de 1991, firmada por Gustavo Loyola e Pedro Bodin.

As contas pequenas foram devolvidas de uma só vez. Até porque seria ridículo, além de dar um trabalho imenso e gerar um custo maior, parcelar em doze meses quantias equivalentes a US$ 10, US$ 20 ou US$ 50. Além disso, agir assim não deixava de ser um gesto simpático e de compreensão para com aqueles que, afinal de contas, tinham suportado um grande sofrimento com o bloqueio de seus parcos ativos financeiros.

A devolução em cruzeiros dos cruzados novos retidos representou uma injeção de mais ou menos uns US$ 2 bilhões por mês na base monetária, o que é um volume expressivo de dinheiro. A partir de dezembro de 1991, a esse montante se juntou um acúmulo mensal de reservas de mais dois bilhões. Eram US$ 4 bilhões por mês, ou 1% do PIB que estava sendo injetado na economia e, portanto, tinha que ser enxugado, o que criava um problema complexo de política monetária. Para amenizar um pouco a pressão criada por essas questões, decidimos por uma providência relativamente singela, um autêntico *ovo de Colombo*: tratava-se dos Depósitos Especiais Remunerados (DER).

Todos aqueles montantes, de quaisquer titularidades, eram devolvidos em uma conta do Banco Central distribuída pelos bancos comerciais, que pagava juros de 8% a.a., remuneração inicial dos DER. No entanto, a própria Circular nº 2.001 já previa o decréscimo de meio ponto percentual por semestre, até atingir 6%, remuneração da poupança em agosto de 1994. O esquema funcionou muito bem, diminuindo o impacto da injeção de meios de pagamento na economia.

A operacionalização de tais providências, como não podia deixar de ser, ficou a cargo da diretoria do Banco Central, peça fundamental da equipe econômica. Como já salientado, sob a batuta de Francisco Gros mesclavam-se nessa área talentos acadêmicos como Pedro Bodin e Arminio Fraga com conhecedores da máquina, como Nelson Carvalho, na fiscalização, Gustavo Loyola, no estabelecimento de normas, e Cincinato Rodrigues, na parte administrativa. Tratava-se de um autêntico *dream team*.

Esse era um grande desafio naquele maio de 1991. Todos os preços estavam congelados, tanto públicos (energia, petróleo etc.) quanto privados (produzidos e fornecidos por agentes particulares, empresas e indivíduos). A pressão pelo descongelamento era imensa, o que iria criar um grave problema fiscal. Portanto, havia que se efetuar um degelo gradual e em determinada direção.

Foi então decidido realizá-lo em três sentidos: os preços controlados, que assim continuariam; os monitorados, para cujo aumento era necessária apenas uma comunicação ao governo; e os que seriam liberados. A ideia era caminhar dos controlados para os monitorados e, em seguida, para os liberados, evitando-se, assim, uma explosão. E isso foi conseguido com sucesso. Quando deixei o ministério, em outubro de 1992, todos os preços privados estavam liberados e a dispersão havia-se estreitado significativamente, num processo bastante rápido.

A decisão pelo descongelamento foi tomada em apenas duas semanas. Nesse aspecto, quem demonstrou grande eficiência foi Dorothea Werneck, que revitalizou as câmaras setoriais e nelas acomodou os interesses de cada área, evitando saltos desmesurados. Existiam problemas delicados, como nos produtos farmacêuticos, em cigarros e bebidas.

Foi então que a formação da equipe se mostrou como ponto alto da gestão. O controle de preços existia no país há muitíssimo tempo e deixar essa circunstância era um problema intrincado. Foi fundamental termos conseguido sair do congelamento no Brasil. Depois, partimos para os preços públicos, o que deveria ser gradual: gasolina, diesel, demais derivados, energia elétrica, telecomunicações etc. Entretanto, o preço público mais crucial, o câmbio, havia ficado defasado e, com isso, começamos a perder reservas. E pior, descobrimos que as que tínhamos eram de qualidade duvidosa.

Existem dois conceitos universais de reservas: as líquidas e aquelas em caixa. O que encontramos foi que as ditas líquidas não tinham liquidez, portanto, não eram conversíveis em caixa. Tratavam-se de aproximadamente US$ 5 a 6 bilhões. Parte estava depositada em agências de bancos brasileiros no exterior e, se fossem sacadas, eles entrariam em bancarrota. Outras estavam no Banco do Brasil, que as depositava no Banco Central, e algumas na Petrobras. Havia ainda reservas em ouro, de liquidez não muito fácil, e papéis, as célebres "polonetas", herdados do regime militar e totalmente ilíquidos. Não havia, portanto, liquidez efetiva.

Entre setembro e outubro, as reservas disponíveis chegaram a níveis críticos. Enquanto isso, os bancos, com os quais estávamos renegociando, julgavam que tínhamos recursos em caixa e poderíamos pagar. Não era possível alegar a qualidade de nossas reservas ou que só então tínhamos tomado conhecimento desse pormenor.

A mim parece que houve certa falta de rigor, de condescendência, assim como pressão da realidade, por parte da equipe anterior. Os bancos brasileiros no exterior precisavam de ajuda, a Petrobras tinha que importar petróleo e, às vezes, a manutenção das aparências é a única opção disponível para não escancarar a fragilidade.

Houve ainda outros tipos de problemas. Pouco tempo após a assunção do ministério, o Supremo Tribunal Federal (STF) considerou que a Taxa Referencial (TR) não podia ser utilizada como indexador de receitas, o que foi um baque considerável.

No mesmo sentido, a Lei nº 8.200, que dispunha sobre a correção monetária das demonstrações financeiras para efeitos fiscais, foi sancionada logo a seguir, em junho. Tempos depois, Everardo Maciel admitiu em entrevista que isso provocou uma perda de receita para o Tesouro de cerca de US$ 12 bilhões. Essa lei havia sido iniciativa da ministra Zélia, mas uma emenda alargou-lhe o critério e o período de compensação. Estranhamente, foi aprovada na Câmara por voto simbólico, no dia seguinte, no Senado, e na mesma data, sancionada pelo presidente sem ter voltado ao ministério para análise de possíveis vetos etc., como era praxe. Foi uma lei devastadora quanto às receitas esperadas.

Além de ter que devolver os cruzados e liberar os preços, tínhamos receita menor por conta da decisão do STF e, depois, da Lei nº 8.200. Foi uma política econômica difícil de manejar. Esses acidentes de percurso tornavam mais urgente uma reforma tributária que restabelecesse, por exemplo, a indexação das receitas. Havíamos nos defrontado com uma economia politraumatizada, nas palavras do saudoso Dionísio Dias Carneiro.

O câmbio é o preço de todos os preços, e estava defasado naquele ano de 1991. Aliás, desde que chegamos ao governo, tínhamos uma consciência coletiva sobre o tema, e conversávamos sobre a não sustentabilidade do câmbio. A certa altura, adverti o presidente que deveríamos efetuar uma desvalorização, embora não houvesse certeza de quando, nem quanto. No último fim de semana de setembro, as reservas haviam chegado à exaustão. No domingo, 29, houve uma reunião em minha casa no Rio de Janeiro com os principais membros da equipe econômica. Decidimos efetuar a desvalorização logo na segunda-feira pela manhã, mas não determinamos o percentual exato, chegando a se pensar em 20%. Esse momento era o tempo de evitar possíveis vazamentos. Não tendo havido providências anteriores e a decisão sendo tomada ali, e implantada na manhã do dia útil seguinte, o sigilo ficava resguardado.

A reunião terminou tarde da noite, o que me criou um problema: não pude avisar o presidente Collor, pois não queria fazê-lo por telefone. Na segunda-feira, tive que ficar no Rio de Janeiro para uma reunião da Comissão de Desestatização no BNDES. Naquele dia, logo cedo, Arminio, que morava em Brasília, deslanchou o processo na mesa de câmbio com uma ordem de compra de ouro, o que não era previsível. Em pouco tempo, instalou-se um pandemônio.

Não tínhamos a menor ideia para onde iria a taxa de câmbio, mas acreditávamos que os juros tinham que subir. Pedro Bodin, então, deu em paralelo o choque de juros, e nós cruzamos os dedos. Ao final do dia, respiramos todos aliviados, pois o câmbio havia subido apenas cerca de 14%. Ao chegar ao Planalto, o presidente foi questionado pela imprensa e negou a desvalorização, que já estava em andamento. Foi uma situação difícil. Tive que expor a Collor os motivos pelos quais não pudera informá-lo.

A desvalorização terminou por redundar em cerca de 14,5%, menos que o topo que havíamos previsto, e se fez mais gradual no tempo, até aproximadamente fevereiro de 1992.

Ainda em outubro de 1991, houve a primeira tentativa de privatizar a Usinas Siderúrgicas de Minas Gerais S.A. (Usiminas), que teve que ser adiada. Eu estava em Bangcoc numa reunião do FMI, quando já circulavam boatos de que eu iria deixar o governo. Com a simultaneidade do adiamento da privatização e dos rumores sobre minha saída, ocorreu um forte ataque especulativo sobre nossa moeda. Por sugestão de Gros e Arminio e o apoio dos demais diretores do Banco Central, os juros foram colocados em patamar altíssimo, sendo anunciado que não mais venderíamos ouro no mercado livre. Ao sair do mercado, o governo permitiu que o ágio chegasse a quase 100%. Mas, em uma semana, ele já havia retornado a cerca de 2%, chegando até a ter um pequeno marco negativo.

Foi nesse momento que a equipe econômica ganhou, de fato, credibilidade. Ela não hesitou e o mercado compreendeu sua força e determinação. Isso também teve efeito positivo sobre a inflação. Em outubro, com o descongelamento, havíamos chegado a 27% ao mês. Depois desses eventos, foi cedendo gradualmente até 17%, em fevereiro de 1992, mesmo mantendo o câmbio real, aumentando as reservas e devolvendo os cruzados retidos.

A balança comercial e a entrada de capitais reagiram rapidamente. Paulo Rabello de Castro, hoje na presidência do BNDES e, na época, na Fundação Getúlio Vargas (FGV), encaminhou-me um estudo indicando que grande parte do dinheiro que retornava era de brasileiros que os mantinham no exterior. Trata-se de fenômeno recorrente. Sempre os primeiros recursos que saem e retornam são dos próprios nacionais, que conhecem bem o país.

Com as providências que tomamos, a situação se reverteu: entraram muitas divisas, houve acúmulo de US$ 2 bilhões em reservas por mês e, quando saímos, as deixamos em mais de US$ 20 bilhões de boa qualidade – volume expressivo para a época –, o que não estava distante do piso que iríamos ter após a crise cambial dos fins da década de 1990.

Com esse conjunto de medidas, visamos corrigir as macrodistorções que engessavam a economia brasileira: a devolução dos cruzados, o descongelamento dos preços e a desvalorização cambial. Pavimentamos, assim, o caminho para a reviravolta que só viria em 1994 com o Plano Real. O objetivo seguinte era reconstruir as instituições. Saímos, então, do conjuntural para o estrutural.

AIDE-MÉMOIRE 2
Uma lição de vida

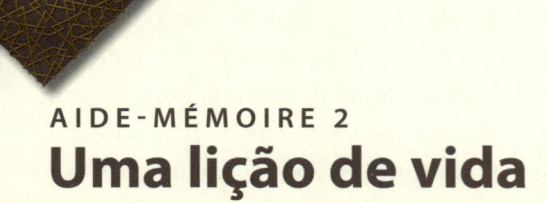

ARMINIO FRAGA NETO
(Diretor do Banco Central à época)

Em 1991, aos 33 anos de idade, fui convocado por gente que eu apreciava e respeitava profissionalmente para um grande desafio cujo contexto maior era o desmonte do Plano Collor; resolver impasses com o Fundo Monetário Internacional (FMI); com credores públicos e privados; e promover a modernização e desburocratização das regras cambiais.

Durante a gestão de Francisco Gros no início dos anos 1990 no Banco Central, no lado macro e internacional, os destaques eram a necessária flutuação (forçada) da taxa de câmbio, acompanhada de um forte aperto na política monetária. As reservas cambiais livres (i.e., não aplicadas na Petrobras e no Banco do Brasil) chegaram a cerca de US$ 3 bilhões, e não houve alternativa: quando saímos do mercado, a taxa de câmbio se depreciou. O movimento acabou sendo de apenas 14%, uma certa surpresa e um grande alívio! Cabe mencionar que tomamos todos os cuidados para não deixar a informação vazar, inclusive evitando o uso de telefone para passar qualquer informação na noite de domingo que tomamos a decisão, e deixando o câmbio flutuar logo na abertura do mercado na segunda-feira.

Em paralelo ao lado mais macro, apresentamos um plano para a restruturação da dívida externa ancorada por um acordo de *stand-by* com o FMI. As tratativas foram intensas, mas produtivas. Durante a reunião anual com o Fundo, no outono de 1991, as conversas estavam quentes, assim como outras com governos e bancos. O ministro Marcílio Marques Moreira estava escalado para dar uma palestra em evento, sempre lotado, da Câmara de Comércio Brasil-Estados Unidos. Estando com a agenda cheia, Marcílio e Francisco Gros (então presidente do Banco Central) decidiram me pedir que fosse falar em nome deles, experiência um tanto tensa para este escriba. Felizmente, Marcílio tinha o discurso alinhavado, dividido entre uma análise da dupla transição – política e econômica – que o país vivia, e uma apresentação de nossa agenda de reformas. A agenda lembrava bastante a de hoje, salvo quanto à estabilização e ao balanço de pagamento, atualmente em bom estado, e à saúde das finanças públicas, atualmente em péssimo estado. No mais, falávamos de abertura, privatização, reforma tributária etc. Segui o roteiro e deixei para trás um certo medo de palco, para meu alívio (e deles, tenho certeza).

O acordo com o FMI durou pouco em função dos conhecidos desafios políticos do momento, mas assim mesmo, as negociações internacionais transcorreram bem: do lado privado, no contexto do Plano Brady, para a dívida com bancos (havia mil detalhes, com processo lento), e dentro das regras do Clube de Paris, para a dívida com governos (um dia e uma noite sem dormir deram conta do recado). Desde então, o Brasil vem se mantendo corrente com suas obrigações, tendo inclusive atingido por um tempo o grau de investimento (no momento aniquilado pelos descalabros do governo liderado pelo Partido dos Trabalhadores, com apoio de boa parte das lideranças empresariais do país).

No *front* doméstico, avançamos bastante na desburocratização e abertura do regime cambial. Algum destaque merecem a criação de regras para emissão de ADRs (American Depositary Receipts) e para investimento externo nas bolsas locais (o chamado Anexo IV). Avançamos também e bastante nas regras do câmbio turismo, dando transparência para algumas transações que ocorriam no mercado paralelo e pavimentando o caminho para a posterior unificação dos mercados – nosso discurso era de liberdade para quem não tinha medo da luz do dia, e dificuldade para os bandidos. Acabamos com os programas de conversão de dívida (que na prática representavam uma recompra de dívida a preços superiores aos praticados no mercado) e modernizamos os controles e a gestão das reservas internacionais.

Termino com uma palavra sobre Francisco Gros, um chefe especial, com quem aprendi muito. Além de ter feito a loucura de me convidar para uma diretoria do BC aos 33 anos de idade, Gros me deu muito espaço para trabalhar, o que fiz com entusiasmo, tendo me mudado para Brasília com minha jovem família. Depois de algum tempo, percebi que ele me dava todo o crédito quando as coisas andavam bem (lembro-me dele me apresentando como "dr. Arminio") e assumia a responsabilidade quando não iam tão bem, o que às vezes ocorria naqueles tempos turbulentos. Desnecessário dizer que minha produtividade só fez aumentar com esse tratamento. Foi para mim uma lição de vida e de gestão, que procurei seguir desde então, e que até hoje muito me emociona quando falo sobre o assunto.

AIDE-MÉMOIRE 3
Fiscalizando as instituições financeiras

NELSON CARVALHO

(Diretor do Banco Central à época)

Por volta de junho de 1991, após sabatinado e aprovado pelo Senado, assumi a diretoria de fiscalização do Banco Central (Bacen) sob a presidência de Francisco Gros, mesmo momento em que Marcílio Marques Moreira passara a ser o ministro da Fazenda. Havia recém-chegado de uma posição no colegiado da Comissão de Valores Mobiliários (CVM), onde eu havia aportado no início de 1990 por convite do professor Ary Oswaldo Mattos Filho. Com a saída da ministra Zélia Cardoso de Mello do Ministério da Fazenda, e sua substituição por Marcílio, quase toda a diretoria do Banco Central resignou seus cargos, vindo então o *convite-convocação* para trocar minha sala de trabalho no Rio de Janeiro (sede da CVM) por Brasília (sede do Bacen).

Marcílio, com quem eu tivera um rapidíssimo encontro por motivos profissionais anos antes quando ele era um dos dirigentes do Unibanco, e eu um auditor independente *desempregado*, e com quem até aquele momento eu não usufruía de convívio profissional nem pessoal, foi uma gratíssima surpresa em termos de exercício da função à qual ele fora guindado em meados de 1991; traços de sua personalidade me marcaram desde então, só fazendo aumentar minha admiração e respeito: atencioso, superdiscreto, atuante sem *estrelismo*, com enorme clareza de propósitos, ele demonstrava (como, de resto, até hoje) fundamentais valores éticos e morais que atraem e cativam quem comunga dos mesmos princípios.

Francisco Gros, *ça va sans dire*, uma privilegiada inteligência e um profundo conhecedor de mercados financeiros e de capitais, em particular (mas não apenas) da indústria bancária, era um grande aglutinador de especialistas e condutor de equipes. A cada vez que precisava se ausentar da presidência do Bacen, no mais das vezes por motivos de viagens ao exterior, Gros tomava o cuidado de *rodiziar* a presidência interina entre os demais diretores, cuidando com isso de passar a mensagem de que não havia *preferidos* dentre nós. Ao meu lado naquela diretoria estavam Arminio Fraga, Pedro Bodin, Gustavo Loyola e Cincinato Rodrigues: uma equipe superafinada e muito atuante tanto nas suas áreas quanto colegiadamente.

Dentre os muitos problemas cuidados pelo Banco Central, dois em particular se destacavam naquela época: a) participar da formulação da estratégia e implementação do desbloqueio dos cruzados novos, e b) *vigiar* uma das coisas que pessoalmente mais abominei no Sistema Financeiro Nacional: a existência dos bancos estatais estaduais, de triste memória – o que chamava (ainda chamo, e sempre chamarei) de *excrescência*.

Marcílio reunia sua equipe no ministério todas as terças-feiras por volta de 11h. Na reunião, que incluía a diretoria do Bacen, discutia-se as principais ocorrências da semana que havia passado e o que esperar no curto, médio e longo prazos à frente; essa interação da equipe foi um dos pontos mais marcantes da minha passagem pelo governo: ver como ele funciona *por dentro*, a concepção de atos normativos para regular questões emergentes ou de debater medidas futuramente propostas à alçada do Poder Executivo ou do Poder Legislativo.

Marcílio se fazia acompanhar de grandes personalidades, como Célio Borja e Celso Lafer, entre outros, no esforço de manutenção da governabilidade do país na turbulência política que culminou com o impeachment do presidente da República – muito da manutenção da estabilidade institucional na ocasião, e de terem sido evitadas *aventuras* políticas heterodoxas, deve-se à atuação dessas pessoas.

Destaquei acima a extrema discrição de comportamento de Marcílio (nunca o vi levantar a voz para pessoa alguma): num daqueles almoços de trabalho, já próximo de outubro de 1992, quando o impeachment estava para ser votado no Congresso, Gros *ousou* perguntar a Marcílio (que detinha, indiscutivelmente, o maior volume de informações sobre as perspectivas do quadro político): "Ministro, como estão os nossos horizontes?". Claro que era uma *deixa* para Marcílio discorrer sobre nuances e, principalmente, sobre cenários, numa resposta que poderia levar qualquer coisa entre cinco e sessenta minutos. Marcílio, que almoçava, interrompeu a garfada e respondeu numa única palavra: "Curtos". Vindo dele, aquilo equivalia à duração de um discurso de Fidel Castro...

Outra curiosidade jocosa: São Paulo ainda não tinha telefonia celular, mas Rio de Janeiro e Brasília já tinham, e nós, diretores do Bacen, recebemos celulares corporativos para trabalhar. Eram os antigos *tijolos*, telefones grandes e pesados, mas extremamente úteis. Como a diretoria de fiscalização se relacionava com todas as regionais do Banco Central, pois os bancos estavam distribuídos em todo o território (particularmente todos os bancos estaduais, mas não apenas estes), autorizei os então delegados regionais a me ligarem no celular sempre que um problema emergente surgisse, pois eventualmente um banco que não *fechasse* o caixa ao final do expediente poderia requerer algum tipo de intervenção da Autoridade Monetária e isso jamais esperava o dia seguinte. Pois bem: de toda a equipe econômica da época eu era o que mais recebia ligações no celular, a qualquer hora – inclusive durante as reuniões de equipe. E embora me esforçasse para me afastar da mesa de trabalho ao atender tais ligações (confesso que não me afastava o suficiente...), minha fala acabava incomodando o andamento da reunião, o que me valeu o apelido de *apaixonado por celular* (nunca abandonei a paixão – hoje ainda, setembro de 2017, já fora do governo, uso quatro chips de operadoras diferentes em dois aparelhos. Como dizia o ex-presidente americano Bill Clinton, *old habits die hard*...).

Mas minha maior sina era acompanhar a supervisão, ou fiscalização, dos bancos estaduais. Quase todos, sem exceção, eram *emissores de moeda* nas mãos de governadores nem sempre (ou quase nunca) imbuídos de verdadeiro espírito público e com práticas *pouco republicanas* (para usar uma expressão em voga hoje). Desvios, malversação de recursos, captações financeiras danosas, aplicações e concessões de créditos que nenhum gestor competente e tecnicamente bem orientado faria, eram uma tônica em muitos de tais bancos. E não poucas vezes os governadores estaduais procuravam o presidente do Banco Central para reclamações contra o alegado *rigor injustificado da fiscalização do BC,* eufemismo para *não nos persigam, pois somos ou não parceiros políticos?* Não consegui em minha gestão atuar de maneira terminal para resolver o problema da existência desses bancos, mas creio ter dado uma contribuição não trivial para a solução que se encaminhou após minha saída, notadamente o Programa de Incentivo à Redução do Setor Público Estadual na Atividade Bancária (Proes), ao qual, a meu juízo, o Brasil deve muito.

Com a saída do presidente da República em outubro de 1992, toda a equipe econômica pediu desligamento, eu inclusive, após os quase três anos de *serviço quase militar obrigatório* entre CVM e Bacen. Mas um episódio atrapalhou meu plano de ir para casa: Gustavo Loyola, meu colega da diretoria de normas e grande amigo pessoal, aceitou o convite do vice-presidente da República que acabara de assumir a Presidência da República, tornando-se então presidente do Banco Central, primeira das duas vezes que exerceu esse cargo até hoje. Ele me chamou *convocando* para continuar à frente da diretoria de fiscalização, receoso que o ambiente político interferisse numa escolha técnica para me substituir. Aceitei o convite, ficando no cargo até por volta de maio de 1993, quando Loyola saiu do Banco Central, terminando meu compromisso pessoal com ele.

Foi uma epopeia, e uma realmente quixotesca, exceto que não lutamos contra moinhos de vento. Lutamos contra práticas inadequadas longamente estabelecidas na indústria bancária, fragilidade sistêmica (além de institucional), viés político interferindo na solidez do sistema bancário, grande concentração do sistema em pouquíssimos bancos (quase nenhum estrangeiro de relevo à época) e carência de mecanismos modernos de supervisão bancária – que depois meus sucessores, de forma excelente, introduziriam e aperfeiçoariam. Enfrentamos também relevantes interesses opostos ao saneamento que se fazia necessário e que, de alguma forma, concretizou-se nos anos seguintes.

Sempre que sou perguntado sobre minha avaliação da experiência de ter passado pelo governo, minha resposta-padrão é:

> Foi fantástico ter visto a máquina funcionar por dentro. Muitas vezes aqui fora no setor privado nos deparamos com atos normativos das autoridades monetárias cuja leitura no *Diário Oficial* sugere fortemente que aquilo não faz o menor sentido. Ver aquilo ser gestado antes de nascer me convenceu que frequentemente a conciliação (concessões) de interesses em torno de uma norma em gestação de fato faz com que ela venha a nascer já sem fazer o menor sentido mesmo.

Uma última palavra: num dos mais recentes livros que Marcílio publicou antes antes deste, *Diplomacia, política e finanças*, fui num jantar de amigos pedir a ele uma dedicatória, que guardo com carinho até hoje. Ao agradecer, disse a todos que eu tinha uma reclamação: ele escreveu que "Nelson foi um diretor de fiscalização duríssimo". A reclamação é que ele não devia ter revelado tão publicamente meu *credit rating*.

AIDE-MÉMOIRE 4
Preços, Câmaras Setoriais e movimento de qualidade

DOROTHEA WERNECK

(Secretária Nacional de Economia à época)

A saída do congelamento de preços em 1991, criada pelo Plano Collor II, foi um desafio enfrentado com criatividade e rapidez. O processo de liberação dos preços foi realizado com a participação dos empresários reunidos por setores e foram identificadas três categorias de preços: liberados, liberdade vigiada e controlados.

Num primeiro momento, foram identificados todos os produtos e serviços para os quais o congelamento não poderia ser sequer fiscalizado – vestuário, calçados, alimentos, brinquedos, software e produtos de higiene e limpeza, dentre outros – que foram imediatamente descongelados, ou seja, *liberados*. Portarias do ministro da Economia publicadas no *Diário Oficial* identificavam todos os produtos liberados a cada momento.

Os setores que tradicionalmente eram controlados pelo Conselho Interministerial de Preços (CIP) começaram com seus preços ainda *controlados* e foi negociado com cada segmento um cronograma de liberação passando inicialmente para a etapa de *liberdade vigiada*. Cumpridas as regras estabelecidas, os preços em cada setor eram então *liberados*. As negociações com os setores automotivo, siderúrgico, químico, bens de capital e farmacêutico, dentre outros, foram iniciadas em maio de 1991 e, em novembro do mesmo ano, seis meses depois do início do processo, todos os preços estavam liberados, com uma única exceção, os produtos farmacêuticos de tarja preta, que permaneceram controlados.

Assim que os preços eram liberados, começavam as negociações nas Câmaras Setoriais, com a participação dos trabalhadores e de toda a cadeia produtiva, recebendo total suporte da equipe do Ministério da Economia, Fazenda e Planejamento (MEFP). As agendas tratavam de *competitividade* e *era proibido falar de preços*! Temas como investimentos, pesquisa e desenvolvimento, inovação, exportação, relação capital-trabalho, qualidade dos produtos e gestão de qualidade faziam parte da agenda. O objetivo maior era a modernização da produção brasileira e, em alguns casos, foram firmados acordos setoriais com os compromissos assumidos pelo governo, pelos empresários e pelos trabalhadores. Os primeiros acordos foram firmados pelos setores de brinquedos, bens de capital, cosméticos, higiene e limpeza, software e automotivo, que foi o de maior visibilidade e divulgação por ter sido profundamente criticado (quem não se lembra das *carroças*, como eram chamados por Fernando Collor de Mello os veículos produzidos no país à época) e por sua relevância na retomada do crescimento.

As negociações nas 35 Câmaras Setoriais foram essenciais para fortalecer o movimento de qualidade – a Secretaria Nacional de Economia era a Secretaria Executiva do Programa Brasileiro de Qualidade e Produtividade (PBQP), e o comprometimento das empresas foi essencial para o aumento da competitividade observado a partir de então. Para a mudança da cultura empresarial, outras iniciativas foram levadas a efeito como, por exemplo, a criação da Fundação Nacional da Qualidade (FNQ), a criação de um programa de apoio e premiação da Confederação Nacional das Indústrias (CNI) e outro da Associação Nacional dos Fabricantes de Veículos Automotores (Anfavea).

Apesar do pouco tempo à frente da Secretaria Nacional de Economia (dezesseis meses), os resultados alcançados com a liderança e o apoio do ministro Marcílio Marques Moreira e do time do Ministério da Economia (com todos os temas discutidos nas nossas duas reuniões semanais), as conquistas e avanços foram certamente excepcionais.

5.
Reconstruindo instituições

Os PILARES CENTRAIS DA ECONOMIA BRASILEIRA HAVIAM SIDO CORROÍDOS, nas décadas anteriores, por diversos fatores que se complementavam em mórbido processo destrutivo.

A inflação renitente, causada pelos desarranjos nas contas públicas, era um incômodo permanente, prejudicando, sobretudo, os mais pobres, que não tinham meios de se defender do fenômeno. Os diversos planos heterodoxos para contê-la haviam fracassado. Dois deles, inclusive, nos primórdios do governo Fernando Collor de Mello.

O crescimento desordenado de empresas e iniciativas estatais, herança maldita dos anos Vargas, tinha sido solidamente ampliado ao longo dos governos militares, o que engessava – senão, fossilizava – a economia brasileira.

O crédito público estava destroçado. A não devolução sistemática de empréstimos compulsórios transformara o governo federal no maior caloteiro do país, situação agravada pela retenção dos ativos financeiros feita no primeiro Plano Collor.

No âmbito externo, o país era considerado um permanente e relapso devedor. Nossas dívidas não pagas atingiam toda a comunidade financeira internacional, alcançada em cheio pela moratória, ironicamente apelidada de soberana.

Por sua vez, o Brasil tinha um longo histórico de controle de preços. O então recente congelamento, oriundo do plano heterodoxo anterior – o Plano Collor II – foi apenas o último capítulo dessa triste novela. Era fundamental fazer voltar o funcionamento dos mecanismos de um mercado livre, no qual os preços são estabelecidos por equilíbrio entre oferta e demanda.

Havia urgência após atacar as mais presentes distorções em reconstruir todos os alicerces institucionais, sem os quais seria impossível prosseguir na busca do crescimento econômico que o país demandava. Era imprescindível controlar a inflação, privatizar empresas estatais, renegociar a dívida externa e dar um sentido orgânico às leis que tratavam de temas econômicos. As circunstâncias eram dificultadas pela ausência de uma sólida base parlamentar que apoiasse esses movimentos. Afinal, o presidente havia sido eleito por um partido que era, de fato, mera ficção política.

O Projeto de Reconstrução Nacional do governo Collor copiava o nome do partido nanico pelo qual fora eleito presidente. Teve duas vertentes: uma no discurso de posse, que chamou de Projeto de Reconstrução Nacional, devidamente publicado, e outra que, levada ao Congresso pelo ministro Jarbas Passarinho um ano depois, foi rebatizada de *Projetão*. Era um conjunto de providências a serem tomadas, desde portarias e regimentos, até emendas constitucionais. Uma parte, referente à desregulamentação, foi implementada. Mas a outra continha medidas semelhantes às que vem sendo aprovadas desde 1995 e algumas que, ao longo de todos esses anos, ainda seguem em discussão.

Esse dito Projetão foi uma montagem feita por Antônio Kandir e Murilo Portugal com a colaboração do Jarbas Passarinho. Eles visitaram as principais capitais, governadores, associações comerciais e outras entidades representativas para explicar do que se tratava. Em 3 de outubro de 1991, Jarbas Passarinho, eu, o ministro da Infraestrutura e o secretário de Administração Federal, Carlos Moreira Garcia, levamos uma exposição de motivos conjunta ao presidente. No dia seguinte, essa foi enviada ao Congresso, recebendo a alcunha de *Emendão*.

Havia várias propostas de mudanças constitucionais. Uma delas dava competência exclusiva à União Federal para emissão de títulos da dívida pública. Era um ponto importante. Os estados emitiam papéis, pagavam alguns e pediam socorro à União, no sentido de reestruturar o restante. Outra, de grande importância, pretendia definir os setores que constituíam monopólios da União. O tratamento ao capital estrangeiro era aspecto relevante, pois se pretendia abrir espaço para investimentos da iniciativa privada, ao mesmo tempo em que se protegia a sociedade, evitando que monopólios públicos se transformassem em exclusividades particulares e, eventualmente, ocorressem situações de competição assimétrica.

A pauta era extensa e incluía todo o funcionamento civil. As carreiras típicas de Estado eram visadas e buscava-se sua valorização, prevendo a instituição de planos de seguridade social para esses servidores, vinculando o custeio dos benefícios às contribuições dos próprios funcionários e do poder público, na forma da lei. Tratava-se já de uma reforma da previdência do setor governamental, até hoje pendente.

Havia ainda questões de naturezas diversas. Flexibilizava-se o sigilo bancário para identificar contribuintes em suas situações perante a administração tributária. Cuidava-se ainda da autonomia universitária e do financiamento de suas despesas correntes.

O presidente tinha a cabeça organizada e era ativo em suas observações. Em sua letra miúda, anotou na proposta que se incluíssem a proibição de que proventos de inatividade fossem superiores às remunerações da atividade, o que era regra à época, estendendo também aos militares os planos de seguridade e formas de custeio dos servidores civis.

Às universidades públicas era permitida a contratação de professores estrangeiros, em condições similares aos nacionais, com vistas a aprimorar o perfil de suas pesquisas e trabalhos científicos. Assim também estava prevista a concordata ou falência de empresas estatais nas mesmas condições das companhias privadas.

O Projeto de Reconstrução Nacional mudou os rumos do país. Recordo-me de palavras do industrial Jorge Gerdau Johannpeter ditas a mim em 1992: "Esse projeto transformou não só a agenda do Brasil, como a minha própria. Há dois anos tinha anotadas: ida a Brasília para discutir com o CIP (órgão controlador de preços à época), ou com o Departamento de Comércio Exterior, uma licença de importação, um aumento de preços, ou a construção de uma fábrica. Agora vou lá para discutir produtividade ou qualidade." O programa era moderno e coerente.

O conjunto de propostas não chegou a ser abertamente combatido no Congresso. Não houve resistências agressivas, mas como em qualquer processo de reformas, os aliados de antes foram sendo alienados. O primeiro descarte tinha sido pelo confisco dos haveres financeiros. Depois, pelo fim do protecionismo, dos incentivos fiscais, dos juros subsidiados e dos aumentos de preços como concessão do poder público, tanto quanto eventuais licenças de importação. Isso foi afastando aliados que se consideravam traídos ou alijados, sendo também difícil construir novas alianças para apoiar as mudanças.

Tudo acrescido pela falta de gosto do presidente em negociar. Ele não era um construtor de consensos ou costurador de alianças. Queria muito as reformas, mas de peito aberto, com todo o gás. As relações com o Congresso eram ásperas, sem fluidez. Isso deteriorou as chances de aprovação das propostas, embora o conjunto fosse corajoso e oportuno, em termos de agenda nacional.

Foram implementados, principalmente, os temas que estavam na órbita do executivo, por decretos, resoluções ou portarias, assim como aqueles em que foi possível construir algum tipo de consenso. Por sua vez, diversos assuntos se tornaram irreversíveis, como a abertura comercial, a liberação gradual de preços e a flexibilização cambial, que também contaram com novos marcos regulatórios.

A partir do governo Itamar Franco, o Emendão morreu de morte morrida. Mesmo na ampla reforma constitucional de 1993, as ideias não foram aproveitadas. No governo Fernando Henrique Cardoso, Nelson Jobim tentou aprovar diversas coisas daquela origem, mas encontrou largas resistências. A não ser em momentos de crise, que aguçam a dita vontade política, as reformas no Brasil vêm sendo aprovadas a conta-gotas. Parecemos presos, em matéria de avanços estruturantes, à sina que os americanos chamam de *crises-driven reforms*, ou seja, reformas, só as geradas por crises.

As relações com o Congresso se davam em três frentes. Na primeira, eu próprio comparecia habitualmente ao Congresso, aos plenários, às comissões e visitava os presidentes das duas casas. E mantinha longas reuniões com deputados e senadores, sempre respondendo a muitas perguntas. Era uma forma direta de relacionamento.

A segunda era conduzida pelo Jarbas Passarinho, ministro da Justiça e coordenador político, que às segundas-feiras no final da tarde se encontrava com os líderes dos partidos que apoiavam o governo. Às vezes eu ia, mas normalmente quem estava presente era o Roberto Macedo, que ficara encarregado das relações com o Parlamento. Aliás, vale ressaltar que Roberto realizava criterioso acompanhamento conjuntural e revelou-se um excelente administrador do dito Projetão, depois alcunhado de Emendão. Com o auxílio do Martus Tavares, que era secretário-adjunto de Política Econômica, elaborou uma matriz em que atualizava o andamento de cada projeto, sabia o que estava tramitando em qual comissão, as suas aprovações e modificações, e as votações finais na Câmara e no Senado. Mais do que isso, foi também um excelente negociador com o Congresso. Conseguiu inclusive, em meados de 1992, momento já conturbado, aprovar uma lei salarial pela qual a indexação seria feita pela inflação futura, numa mudança dos parâmetros habituais. Roberto tinha paciência, era brincalhão, as pessoas gostavam dele e passou a ser muito respeitado. Com essa mudança de rumos, a formulação teórica de política econômica terminou transferida à equipe do Banco Central, com Gros, Bodin e Arminio e seus companheiros de equipe.

Uma terceira forma de entendimento com o Congresso era através de almoços mensais na casa do Marco Maciel, então líder do governo no Senado. O cardápio, sempre de comidas pernambucanas, era muito saboroso. Discutíamos os problemas da dívida externa e das negociações com o Fundo Monetário Internacional (FMI). Compareciam de seis a doze senadores, entre os quais, Fernando Henrique Cardoso, Eduardo Suplicy, Jorge Bornhausen, Élcio Álvares, Raimundo Lira, José Fogaça, Mário Covas e outros. Desde 1989, o Senado tinha participação ativa na renegociação da dívida externa, do que tratarei adiante.

A desestatização, reclusão do enorme inchaço que a presença estatal havia adquirido ao longo do tempo era objeto do Programa Nacional de Desestatização (PND) instituído pela Lei nº 8.031, de 12/4/1990, nos primórdios do governo Collor. Fez parte das reformas estruturais com o propósito de modernizar a economia brasileira, preparando as condições para a recuperação do crescimento econômico. O principal objetivo do PND era transferir à iniciativa privada o controle de diversas empresas estatais que, com o correr do tempo, perderam as suas razões históricas, políticas ou econômicas de permanecerem na órbita do setor público. A tal objetivo, somavam-se as metas de redução das dívidas interna e externa, o aumento da concorrência, a democratização da propriedade acionária e o estímulo ao mercado de capitais.

Uma das grandes controvérsias que se abriu em torno do PND foi sobre o uso das chamadas moedas de privatização, ou alternativas. Elas representavam endividamento da União Federal, seus órgãos funcionais e entidades controladas. Nada mais, nada menos que dívidas de governo, vencidas e não pagas. Em fins dos anos 1980, e início dos 1990, tal hipótese era absolutamente corriqueira. O Estado devia e, simplesmente, não pagava.

O PND foi a oportunidade de quitar aqueles débitos e abatê-los da dívida pública. Na verdade, a União trocava ativos por passivos, entregava ações de empresas e recebia títulos representativos de seu endividamento, cancelando-os. Essa era a essência da matéria.

Entretanto, uma tola questão semântica dominou o debate sobre o assunto, criada pelo apelido com que o mercado carimbou esses papéis: moedas podres. O adjetivo podre é em si mesmo pejorativo. Usa-se para designar algo estragado, imprestável, deteriorado. Na gíria bancária, crédito podre é aquele que não se consegue receber. O mercado tinha razões para cunhar o termo. As dívidas, especificamente as incluídas entre as moedas de privatização, não estavam entre as honradas pelo governo com pagamento pontual. Uma vez transformadas em moedas de privatização, herdaram de sua origem a qualificação depreciativa. As cotações diárias, com grandes deságios, reforçavam a imagem negativa. Esses descontos simplesmente refletiam as expectativas do mercado em receber os valores devidos. Quanto mais baixa a perspectiva, maior o deságio, e vice-versa.

O conjunto de entes estatais que geraram moedas de privatização, por seus passivos, pode ser conhecido pelas siglas e rótulos das entidades que as produziram no nível de alguns bilhões de dólares. Havia de tudo: Empresa de Portos do Brasil S.A. (Portobras), Siderúrgica Brasileira S.A. (Siderbras), Superintendência Nacional da Marinha Mercante (Sunaman), Rede Ferroviária Federal S.A. (RFFSA), Programa de Garantia da Atividade Agropecuária (Proagro), Banco Nacional de Crédito Cooperativo S.A. (BNCC), Instituto Brasileiro do Café (IBC), Instituto do Açúcar e do Álcool (IAA), as *tradings* estatais Petrobras Comércio Internacional S.A. (Interbras) e Companhia Brasileira de Entrepostos Comerciais (Cobec), o velho Lloyd Brasileiro, a moderna Empresa Brasileira de Aeronáutica S.A. (Embraer), a Petrobras Mineração S.A. (Petromisa), a Empresas Nucleares Brasileiras S.A. (Nuclebrás) etc. Mais tarde, também surgiram os Títulos da Dívida Agrária (TDA), oriundos de desapropriações em programas de Reforma Agrária, além de outros passivos da própria União Federal.

Essa descrição da origem das moedas de privatização serve para refrescar a memória sobre a situação crítica e caótica em que se encontrava o Estado brasileiro no início dos anos 1990. Fazia-se necessário um grande encontro de contas, de modo a solucionar o impasse. O PND foi apenas o mecanismo encontrado para equacionar o problema. Como qualquer cidadão endividado, o Estado passou a vender seus ativos para quitar os débitos em que incorrera.

Assim como a privatização contribuiu para eliminar o conceito de *coletivo* apegado ao Estado a reconstrução institucional passou pelo fortalecimento de algumas das suas instituições que no período foram conduzidas por líderes excepcionais. Destas destaco logo o Banco Central.

Francisco Roberto André Gros foi o primeiro convite que fiz quando aceitei assumir o Ministério da Economia, Fazenda e Planejamento. Já o conhecia dos tempos em que trabalhamos juntos no Unibanco. Bem formado pelo Colégio Santo Inácio, no Rio de Janeiro, e na Universidade de Princeton, nos Estados Unidos, Gros era um *scholar* na acepção da palavra. E um tipo peculiar, educado, gentil, moderado em todas as atitudes, incapaz de levantar a voz.

Tinha sólida experiência tanto em entidades privadas como de governo. Depois de formado, sua primeira atividade foi no banco de investimentos Kidder, Peabody & Co., nos Estados Unidos. No Brasil, havia trabalhado no grupo Multiplic e no Unibanco. Na área pública, fora superintendente-geral da CVM, quando da criação do órgão, em 1977. Mais tarde, veio a ser diretor do BNDES e vice-presidente da BNDES Participações S.A. (BNDESPar). Em 1987, deixou o BNDES para assumir a presidência do Banco Central, retornando depois, na minha gestão na Economia, em 1991, em que foi peça-chave. Posteriormente, em 2000, já no governo Fernando Henrique Cardoso, assumiu o comando do BNDES, e, posteriormente, da Petrobras, em 2002.

Gros foi o competente condutor da excelente equipe que, no Banco Central, geriu a política monetária naquele conturbado cenário econômico de início dos anos 1990, evitando maiores sobressaltos e mantendo a inflação em patamares suportáveis para o contexto.

A elevação do novo conceito internacional, extremamente abalado por ações e declarações estapafúrdias nos últimos anos, foi outro dos pilares da reconstrução multinacional que empreendemos.

A dívida externa brasileira tinha três vertentes interligadas quando assumi o Ministério da Economia, Fazenda e Planejamento, em maio de 1991. Havia pesados compromissos com o FMI, o Clube de Paris e com os credores privados. Tudo agravado pela tempestade criada quando da decretação da *moratória soberana* no período Dilson Funaro. Foram essas as três etapas sucessivas, cada qual gerando consequências para as ulteriores.

Como já salientei, o Senado Federal tinha papel preponderante na condução da dívida externa. Um mês depois da posse, precisamente em 11 de junho, compareci àquela Casa para prestar esclarecimentos. Francisco Gros e Jorio Dauster lá tinham estado pela manhã na comissão de Economia, levando informações detalhadas necessárias à decisão a ser tomada pelo Senado.

Em meu pronunciamento, enfatizei que a política econômica permanecia a mesma traçada pelo presidente da República. No aspecto específico, tratava-se de normalizar as relações internacionais, renegociando as dívidas. Assim, foi respeitada a linha que já havia sido traçada para finalização do acordo, mantido o conceito de capacidade de pagamento, pois sinalizava nossas limitações cambiais e fiscais. O que também indicava que não sacrificaríamos, com o serviço da dívida, os objetivos da estabilidade fiscal e monetária, nem a retomada do desenvolvimento. A estratégia de renegociação da dívida passada inseria-se no contexto pela busca do crédito futuro, que suplementaria os investimentos necessários para um processo de crescimento autossustentável.

Em seguida, enveredei pelo Projeto de Reconstrução Nacional, procurando demonstrar suas propostas de trocar a ideia de um desenvolvimento acelerado a todo custo por outro, mais atento às dimensões sociais, ambientais e culturais. Nesse aspecto, o Estado deixava de ser o motor do desenvolvimento e produtor de bens econômicos, cedendo espaço à iniciativa privada e voltando-se para a promoção do bem comum.

Seguindo o roteiro traçado, ou seja, abordando o FMI logo de início, em 4 de novembro de 1991, seis meses após a posse no ministério, começamos em Washington a fase conclusiva das negociações.

Defendíamos na época, e era tradição no país, que os acordos com o FMI não estavam submetidos à aprovação do Congresso. Sobre isso, e a lastrear tal posição, tínhamos, inclusive, longo parecer do Tércio Sampaio Ferraz Junior. O Senado não opôs qualquer óbice, concordando com nosso ponto de vista.

Essa posição tinha dois respaldos. Em primeiro lugar, porque o Brasil é membro fundador do FMI, e desde sua criação, haviam sido estabelecidas as condições de funcionamento dos respectivos mecanismos.

Em segundo, porque o fundo não é tecnicamente instituição financeira, mas sim uma espécie de cooperativa de política econômica. Os *stand--by arrangements* não são contratos de financiamento. Trata-se da troca de moeda do próprio país por divisas mais fortes, não havendo assinatura de contrato ou obrigação. O que se firma, previamente, é uma carta de intenções que expressa desígnios e objetivos, além do compromisso de reversão do acordo ao fim de certo tempo, isto que no Brasil, ficou conhecido como carta de recompra. Tanto é assim que não existem sanções por parte do fundo, a não ser a interrupção de novos desembolsos se não forem atingidas as metas previstas na carta de intenções. O dinheiro que se saca não integra o balanço de pagamentos, figurando abaixo apenas como conta de compensação.

Menos de três meses depois do início das negociações, em 29 de janeiro de 1992, depois da visita do diretor-geral Michel Camdessus ao Brasil, em dezembro de 1991, o acordo foi aprovado pela direção do FMI. A propósito, cabe ressaltar que sempre tivemos sólido apoio dentro do Fundo. Os alemães eram um pouco recalcitrantes, mas tínhamos grandes aliados como a França e os Estados Unidos.

O presidente Collor, por sua vez, deu amplas demonstrações de suporte à equipe econômica. Logo após a aprovação do acordo, ele enviou cartas agradecendo a autoridades envolvidas, como George H.W. Bush, Nicholas Brady, David Mulford e Michel Camdessus.

O curioso em relação ao memorando que encaminhamos ao fundo em 1992 é que os objetivos, e mesmo os números, são muito semelhantes aos parâmetros que passaram a vigorar para as economias globais a partir de então: 3% de superávit primário do PIB e déficit nominal de número idêntico. Aliás, desde os tempos de Lord Keynes, isso vem sendo refinado e permaneceram essas convicções. Até mesmo a experiência de Maastricht, da União Europeia, é muito semelhante ao Consenso de Washington. A dívida pública não deve ser superior a 60% do PIB, o déficit não pode ser maior que 3% e os juros não devem desviar-se mais de 2% entre um país e outro. A meu ver, trata-se de convergência econômica, na medida em que as economias são cada vez mais abertas.

Não existem novidades. As reformas constitucionais, previstas no Projeto de Reconstrução Nacional, essas questões são as mesmas que até hoje se discutem o que mostra que os processos no Brasil são lentos, o quê, creio, faz parte de nossa cultura e instituições políticas. Não se pode dizer que não houve progressos. Eles ocorreram sim, mas em ritmo incompatível com os desafios que enfrentamos, problemas que hoje ainda não superamos.

Suplantada a primeira condicionante à regularização da dívida externa, a etapa preliminar de negociação com o FMI, passamos ao obstáculo seguinte que eram as negociações com o Clube de Paris.

Estas tomaram mais um mês e, em 26 de fevereiro de 1992, fizemos o acordo de reestruturação dos débitos com o Clube de Paris. Embora relativamente simples, foi uma negociação mais dura, pois, conforme o costume, passava-se em apenas um dia, mas que continuava noite adentro até a conclusão de um acordo, o que frequentemente só ocorria no alvorecer do dia seguinte, sem descanso, comendo sanduíches. A exiguidade do prazo e as condições eram, sem dúvida, extenuantes, o que gerava tensão no ambiente.

Não se tratava de uma negociação direta, frente a frente, e eram vários os interesses dos diversos países envolvidos. Quem negociava pelo Clube de Paris era Jean-Claude Trichet, do Tesouro francês e, depois, presidente do Banco Central Europeu. O Brasil foi representado por Gros, Arminio e Pedro Parente. Eu não estava lá, mas eles me telefonavam constantemente. Foi uma negociação difícil, só suplantada pela conduzida por Dilson Funaro, que ameaçou uma moratória caso não se chegasse a um acordo (ele a decretaria mesmo assim pouco depois, o que tornou o clima internacional muito hostil ao nosso país).

Esses dois pactos, com o FMI e o Clube de Paris, eram as chamadas condições precedentes para o acordo da dívida privada, terceira e derradeira fase da solução de nossos entraves creditícios externos.

Antes de descer aos detalhes desta renegociação específica, também tratados num *aide-mémoire* neste livro, são necessários alguns esclarecimentos sobre a gênese e caminhos, nem sempre lineares, da dívida privada, desde alguns decênios antes.

Por duas décadas, no período subsequente à Segunda Guerra Mundial, as fontes de financiamento externo para o Brasil eram, sobretudo, agências ou órgãos governamentais vinculados aos países ricos. Recebíamos fluxos oficiais de crédito. Nos anos 1970, o papel passou a ser representado pelos bancos comerciais do mercado internacional. Já na década de 1980, essas entidades começaram a se desfazer de tais ativos, fosse securitizando os ditos créditos, fosse vendendo-os a terceiros.

Quando se compara a lista de credores da negociação de 1982 com a de 1992, vê-se que se multiplicaram. Eram seiscentos na primeira ocasião e chegaram a mais de 1.800 no segundo episódio. Surgiram novos atores, sem a mesma experiência e interesse dos bancos. O banco pretende ajudar o devedor, porque objetiva retê-lo como cliente. Já quem compra um crédito quer ser reembolsado ou vender seu ativo. Exemplo claro disso foi o grupo Dart, um conglomerado industrial que comprou mais de US$ 1 bilhão da dívida brasileira e durante anos criou os maiores problemas, inclusive acionando nosso governo. No jargão das negociações, esse tipo de credor é chamado de *free rider*, o que significa franco-atirador, isto é, sem compromissos, esperando sempre o máximo proveito sem arcar com quaisquer ônus. Na Argentina, ficaram famosos os ditos *fundos abutres*, como os alcunhou o kitchnerismo e que muito dificultaram o ajuste da dívida platina.

Os novos credores brasileiros, surgidos desse processo de transformação do mercado internacional, eram fundos de investimento, companhias de seguros, corporações industriais e outras entidades não financeiras. Além disso, tais casas estavam estabelecidas em países os mais variados, cada qual com uma legislação fiscal e bancária específica, o que foi um complicador imenso.

Já na virada do século, os bancos controlavam apenas 20% das dívidas internacionais. Assim também cresceram os tipos de instrumentos que as identificavam. Além dos créditos bancários, surgiram bônus, notas, derivativos etc., uma extensa gama de ativos que tornou extremamente complexo o esforço de reestruturação.

Após duros embates, em 9 de julho de 1992, Pedro Malan, nosso negociador à época, rubricou um acordo com os bancos privados. E tudo realizado com grande apoio de Michel Camdessus, que nos forneceu suporte, apesar do descumprimento das ditas metas nominais, gerado pela inflação consistentemente em níveis elevados.

O acordo com as entidades privadas envolveu a cifra de US$ 52 bilhões, com uma redução imediata de US$ 4 bilhões e outro tanto ao longo de trinta anos de vigência, entrando em vigor somente em 15 de março de 1994, quando os títulos antigos foram trocados por sete novos tipos de bônus emitidos pelo Brasil.

O Plano Real já havia sido lançado em 1º de março, e que mudaria definitivamente os rumos da economia brasileira. Fernando Henrique Cardoso era ministro da Fazenda, mas Pedro Malan seguia sendo negociador da dívida. E nessa etapa final, Malan e o Banco Central foram de grande argúcia e originalidade.

Em acordos anteriores, como do México, Argentina e outros países, o Tesouro americano fez lançamentos especiais de papéis que foram usados como colateral das novas dívidas que essas nações emitiam. No caso brasileiro, isso não foi necessário, e nem contamos com apoio do FMI ou do Tesouro americano.

Em silêncio e sigilo absolutos, o Brasil, através do Banco Central, foi ao mercado e adquiriu papéis do Tesouro americano de prazos longos, perto de trinta anos, que tem os maiores descontos e, portanto, os menores preços. Por incrível que pareça, essa operação não foi detectada por quem quer que fosse, o que pode ser considerado um verdadeiro prodígio, dado o volume de informações que circulam diariamente no mercado e suas instituições financeiras.

Ao se aproximar a data da finalização, quando ninguém ainda sabia disso, Malan esclareceu aos interlocutores estrangeiros que tínhamos os bônus necessários para lastrear a reestruturação da dívida privada. Essa a razão do nosso acordo ter sido o único, dentro do Plano Brady, a dispensar, na sua finalização, a interveniência do FMI e do Tesouro americano. O próprio Brasil ofereceu as garantias que tinha comprado em segredo.

Voltemos, no entanto, aos entendimentos de 1992 para um esclarecimento final. As negociações, tanto com o FMI quanto com os credores privados, transcorreram em meio ao agravamento da crise política do governo Collor.

Isso proporcionou, ao inverso do que se poderia esperar, um acréscimo ao apoio à política econômica que dirigíamos. Nos últimos dias de setembro, uma semana antes da votação da licença para o processo de impeachment, estive em Washington e participei da Reunião Anual do FMI e tive encontros bilaterais com seu diretor-geral Camdessus e com o Tesouro americano, sendo muito bem recebido. Chego a achar que eles queriam respaldar as diretrizes econômicas para insulá-las da intranquilidade política. E me pareceu que desejavam que eu permanecesse, o que foi expresso em dois editoriais, um do *The New York Times* e outro do *Financial Times*, de Londres, fato raríssimo de acontecer. Logicamente, não se manifestaram de modo institucional, mas indireto.

Essa credibilidade externa ajudou internamente no que me propunha, ou seja, um esforço para que o cenário político, em deterioração flagrante, não prejudicasse a tranquilidade do panorama econômico, com eventuais corridas a bancos, disparada do dólar e colapso da Bolsa. Nada disso aconteceu, graças a Deus. Ao contrário, pudemos contar com a credibilidade na economia em benefício do Brasil nesse difícil momento político.

AIDE-MÉMOIRE 5
Mudanças importantes no arcabouço legal

ROBERTO MACEDO
(Secretário Especial de Política Econômica à época)

A Secretaria Especial de Política Econômica (Sepe), que conduzi de maio de 1991 a setembro de 1992, tinha amplo conjunto de atividades desenvolvidas interagindo com vários outros órgãos do governo. Ao assumir, optei por preservar os ocupantes das demais posições de sua estrutura. Entre elas, destacavam-se uma subsecretaria e quatro coordenações: de políticas fiscal, monetária e financeira, da área externa, e setorial. Essas posições eram ocupadas, respectivamente, por Martus Tavares (sucedido por Sérgio Cutolo), Fábio Barbosa, João Luis Tenreiro Barroso, Carlos Eduardo de Freitas (sucedido por Vagner Ardeo) e Meiriane Nunes Amaro (sucedida por Luciano Oliva Patrício). Os sucedidos saíram por sua vontade e os sucessores também eram da Sepe.

Fiz o mesmo no Instituto de Pesquisa Econômica Aplicada (Ipea), cuja presidência era também de minha responsabilidade, e disso não me arrependo. Eram funcionários de carreira, tinham boa formação acadêmica e grande experiência no que faziam. É com satisfação que sigo acompanhando o progresso de suas carreiras. Sérgio chegou a ministro da Previdência Social, Martus, a ministro do Planejamento, Luciano, a secretário-executivo do Ministério da Educação, Fábio, a diretor financeiro da Vale, e João Luis, a vice-presidente da Companhia Siderúrgica Nacional, da Vivo e do grupo educacional Estácio. Vagner, depois de prestar grande colaboração na renegociação da dívida externa brasileira, tornou-se pesquisador da Fundação Getúlio Vargas (FGV) e vice-diretor do Instituto Brasileiro de Economia (Ibre).

No exercício de minhas funções, uma das tarefas que mais me atraíam o interesse era minha atuação no Congresso Nacional, frequentemente acompanhado pelo subsecretário, interagindo com as lideranças do governo na Câmara e no Senado, e também com o ministro Jarbas Passarinho, da Justiça, que era o articulador político do governo. Em abril de 1992, essa articulação passou ao senador Jorge Bornhausen, que assumiu a então criada Secretaria de Governo da Presidência.

A atuação no Congresso era voltada para convencer os parlamentares a aprovar legislação econômica de interesse do governo, e de impedir que aprovassem suas próprias propostas se incompatíveis com a política econômica então seguida. Sempre entendi que a política econômica não pode se assentar apenas no mérito apregoado por especialistas que elaboram suas diretrizes. Estas devem ser entendidas como propostas e, seguindo o processo democrático, levadas ao crivo do Poder Legislativo. Assim, serão efetivamente boas se passarem também por esse teste sem maiores arranhões. O mesmo vale para esse Poder que, também democraticamente, deveria se pautar pelo interesse público, e perceber que o desprezo pelas restrições econômico-financeiras pode prejudicar o bem comum.

Vou abordar seis leis e um plano diretor que considero importantes e, dessas leis, a Lei Rouanet e a que criou o benefício do seguro-desemprego a pescadores artesanais durante os períodos de defeso vieram de decisões políticas da Presidência da República, cabendo à Sepe o papel de ajudar na elaboração dos seus projetos de lei e na sua passagem pelo Congresso. Outras duas foram de iniciativa da Sepe, a que instituiu os fundos imobiliários e a que reformulou a política salarial e de fixação do salário mínimo. Também com origem na Sepe veio o Plano Diretor do Sistema de Seguros, Capitalização e Previdência Complementar, que levou a um decreto importante e estabeleceu diretrizes para que leis e regulamentos de aperfeiçoamento desse sistema pudessem vir a frutificar. A Sepe também participou ativamente do processo que levou a outras três leis: a de Benefícios da Previdência Social, a de Custeio da mesma área, e a chamada Lei dos Portos.

Lei Rouanet

Tem esse nome porque foi de iniciativa do embaixador Sérgio Paulo Rouanet, então secretário da Cultura do governo federal. Ele obteve o apoio do presidente Fernando Collor de Mello, e como o projeto envolvia incentivos fiscais, teria que partir do Ministério da Economia, Fazenda e Planejamento (MEFP). A Sepe cuidou do assunto com a participação ativa do coordenador João Luis

Barroso, que interagiu com representantes da Secretaria da Cultura, Comissão de Valores Mobiliários (CVM), Receita Federal e Procuradoria-Geral da Fazenda Nacional (PGFN). Segundo Barroso, a legislação foi inspirada por legislação similar existente em Portugal. A Lei é a de nº 8.287, de 20/12/91, oficialmente tida como a que instituiu o Programa Nacional de Apoio à Cultura (Pronac) até hoje costuma ser objeto de polêmicas na área cultural no que tange aos projetos que beneficia, o que é natural. Contudo, o que me incomoda é ver notícias de recursos desviados de suas finalidades. Carece de maior transparência e eficácia na sua gestão.

Lei do seguro-desemprego para pescadores durante os períodos de defeso

Defeso – a pesca durante períodos de reprodução dos peixes – é algo proibido. Essa lei tem objetivos ecológicos e sociais, neste caso, por ser voltada a pescadores artesanais, em geral de baixa renda. Também costuma ser objeto de notícias de aplicação distorcida, como a de que o número de beneficiários excederia o de pescadores artesanais mostrado pelo último censo. É outra boa ideia prejudicada por problemas de gestão, neste caso também pelo seu uso por políticos com objetivos eleitoreiros.

As Leis de Custeio e Benefício da Previdência Social

Ao assumir a Sepe, já estava bem adiantada uma negociação do governo com o Congresso Nacional, que pressionava para colocar em vigor vários benefícios sociais criados pela Constituição de 1988, como o salário mínimo assumindo o papel de piso dos benefícios de manutenção permanente da previdência social, inclusive os do setor rural, entre outras medidas. Quem me ajudou muito a entender esse assunto foi o subsecretário Martus Tavares, que já o vinha discutindo no Congresso. Logo depois, vieram as Leis nº 8.212 e nº 8.213, respectivamente de custeio e benefícios da previdência social, ambas de 24/7/1991. Percebe-se por essa data que, ao chegar à Sepe, esse já era um assunto amadurecido nas discussões anteriormente realizadas. Tenho restrições a aspectos dessa legislação, como a de que o piso de benefícios de manutenção permanente da previdência social não deveria ser o salário mínimo, mas sim algo inferior a esse salário para não estimular aposentadorias. Hoje, o salário mínimo tem mais impacto na economia nesse papel de piso previdenciário do que no mercado de trabalho formal, como piso de suas remunerações. Trata-se de dispositivo constitucional, foi cumprido, e hoje atua como um ingrediente importante da crise da previdência social brasileira.

Lei dos Portos

Importante projeto de lei sobre o assunto, chegou ao Congresso no final de fevereiro de 1991. Um sintoma de sua importância foi o fato de ter sido assinado conjuntamente pelos ministros da Justiça, da Marinha, da Economia, Fazenda e Planejamento, do Trabalho e Previdência Social, e da Infraestrutura. A exposição de motivos pode ser consultada no *Diário Oficial* de 26/9/91, a partir da página 65. Segundo essa exposição, o objetivo era "modernizar a anacrônica estrutura portuária brasileira que, corroída pelo tempo e pela falta de investimentos, tem seus custos desproporcionalmente superiores de seus similares internacionais".

Quando assumi, esse projeto ainda passava pelas comissões da Câmara, e só em 26 de junho de 1992 foi aprovado na Câmara com a redação final oferecida pelo relator, o deputado José Carlos Aleluia (PFL-BA), designado para essa tarefa, por suas convicções liberais e com o qual eu tinha muito bom entendimento. Em seguida, ele foi encaminhado para o Senado Federal, onde participei de várias reuniões, sempre acompanhado de um representante do Ministério da Infraestrutura. No Senado, foi aprovado com emendas, voltando à Câmara, onde teve aprovação final, tornando-se a Lei nº 8.630, de 25/2/1993.

Entre os impactos mais importantes da lei, houve a melhoria das condições de gestão e governança dos portos, com a criação dos Conselhos de Autoridade Portuária, o fim do monopólio sindical para contratação de trabalhadores temporários e o surgimento do Órgão Gestor de Mão de Obra (OGMO) em cada porto, bem como a abertura para o arrendamento privado de terminais das companhias portuárias estatais. Entre outros desdobramentos dessas mudanças, houve a redução do tempo de trânsito das mercadorias nos portos.

Lei dos Fundos de Investimento Imobiliário

O trabalho de João Luis Barroso também foi muito importante neste caso. Ele também recebeu contribuições do advogado Ary Oswaldo Mattos Filho, de reconhecido prestígio, e que então dirigia a CVM. O projeto foi aprovado na Câmara em 12/8/92, mas recebeu emendas ao passar pelo Senado, voltando assim à Câmara, onde sua aprovação final ocorreu em 27 de maio de 1993. É um mecanismo de incentivo à construção civil muito usado atualmente. Permite o investimento em ativos imobiliários sem a necessidade da compra e gestão direta dos imóveis.

Lei de política salarial, inclusive reajuste do salário mínimo

Na elaboração dessa lei, foi muito importante o trabalho do coordenador Luciano Oliva Patrício. Além de seu propósito específico, essa Lei nº 8.419, aprovada em 7/5/92, tinha uma preocupação macroeconômica, dada a presença de taxas de inflação ainda muito elevadas e que a equipe econômica procurava reduzir. Tais taxas eram também realimentadas por reajustes salariais com base na inflação passada, com efeito inercial sobre a inflação futura. Nesse quadro, a nova lei passou a garantir o reajuste quadrimestral de salários apenas para as remunerações até três salários mínimos. Acima desse valor, seriam livremente negociados entre as partes. Além disso, na fórmula de cálculo do reajuste, além da taxa de inflação no quadrimestre anterior ao reajuste, foi introduzido um fator que a multiplicava, dado pela inflação no mês anterior ao reajuste dividida pela média geométrica da inflação no mesmo quadrimestre. Ou seja, se nesse mês a inflação fosse menor que essa média, o reajuste seria reduzido; se fosse maior, seria ampliado. Assim, se a política macroeconômica reduzisse a inflação, o reajuste salarial incorporaria esse sucesso e aliviaria a inércia inflacionária; se malsucedida a política contra a inflação, o reajuste refletiria esse agravamento. Assim, era uma aposta na queda da inflação.

Outro aspecto foi que essa fórmula de reajuste se estendia ao salário mínimo, mas caso a variação real anual desse valor resultasse inferior a do Produto Interno Bruto (PIB) per capita, ele incorporaria essa variação do PIB (se positiva) no mês de maio do ano subsequente. A ideia era conceder um reajuste real tomando-se a variação do PIB per capita, e não a do PIB total, tal como a adotada pelo governo Lula, que agravou sobremaneira as contas da previdência social. Além disso, tomando-se o PIB per capita, isso adicionaria à discussão salarial um elemento ligado à necessidade de aumentar a produtividade da economia medida não só por esse indicador, como também de um modo geral.

Plano Diretor do Sistema de Seguros, Capitalização e Previdência Complementar

Esse plano foi apresentado em 17 de julho de 1992 em evento realizado no Palácio do Planalto. Resultou de um processo coordenado pela Sepe que contou também com a colaboração da Superintendência de Seguros Privados (Susep) e do Instituto de Resseguros do Brasil (IRB), órgãos vinculados ao MEFP. Pela Sepe, mais uma vez a coordenação da iniciativa coube a João Luis Barroso, e teve também a participação de Roberto Ogasavara, da sua coordenadoria. Os temas abordados pelo plano também foram previamente discutidos com entidades do sistema a que foi dirigido. Entre suas diretrizes, estavam a abordagem do seguro primordialmente sob o enfoque do consumidor ou segurado, a desregulamentação e simplificação do sistema, o aumento da concorrência e competitividade entre os seus protagonistas e a redução da participação governamental de modo que sua atuação se restringisse àquelas atividades ou segmentos em que a iniciativa privada não tivesse interesse ou capacidade em exercê-las. De imediato, veio um decreto que estabeleceu a liberdade das tarifas de seguros, que passaram a ser apenas referências para a constituição de reservas técnicas das seguradoras, com o controle passando a centrar-se na solvência das companhias. Também estabeleceu como diretriz a privatização do IRB, um processo que teve início, mas ainda não foi concluído.

Nos sites da Confederação Nacional das Empresas de Seguros Gerais, Previdência Privada e Vida, Saúde Suplementar e Capitalização (CNseg), disponível em <cnseg.org.br/cnseg/mercado/historia-do-seguro/no-brasil.html>, e da White Consultoria de Seguros, disponível em <www.whiteconsultoria.com.br/hist-ria-do-seguro.html>, esse plano diretor é considerado um marco na história do sistema a que foi dirigido.

AIDE-MÉMOIRE 6
A retomada das privatizações

NEY CARVALHO

(Historiador)

Este assunto, tratado num extenso livro de minha autoria, *A Guerra das Privatizações*, aqui, por questão de método e cronologia, circunscreve-se às privatizações ocorridas no período de Marcílio Marques Moreira à frente do Ministério da Economia, Fazenda e Planejamento (MEFP), entre 10 de maio de 1991 e 2 de outubro de 1992. Mas é necessário rememorar algumas circunstâncias históricas que envolveram o processo e mesmo ultrapassaram aquele lapso de tempo.

O título deste *aide-mémoire* menciona retomada pela simples razão que, anteriormente, tinham ocorrido devoluções à iniciativa privada de companhias que estavam sob o guarda-chuva do que se convencionou chamar *hospital* de empresas do Banco Nacional de Desenvolvimento Econômico e Social (BNDES), lugar-comum no regime militar.

As privatizações dos anos 1990 tiveram três tipos de adversários. Os ideológicos, aferrados à concepção do Estado empresário, herança jurássica da Era Vargas; os corporativistas, representados pelos funcionários das companhias defendendo suas polpudas vantagens; e os fisiológicos de sempre, políticos e burocratas em busca de proveitos pessoais. Foram quase mil os embates jurídicos entre esses grupos e os advogados do governo que defendiam as privatizações. Nenhum prosperou e logrou interromper ou anular as vendas das empresas; apenas as procrastinaram em alguns casos.

Com Marcílio Moreira já na pasta da Economia, a primeira privatização efetiva foi a da Usinas Siderúrgicas de Minas Gerais S.A. (Usiminas), subsidiária da quebrada *holding* federal Siderúrgica Brasileira S.A. (Siderbras), escolhida como vitrine pelo Programa Nacional de Desestatização (PND), criado pela Medida Provisória nº 155/1990. Após uma tentativa frustrada, em fins de setembro de 1991, ela veio a ocorrer definitivamente um mês depois, em 24 de outubro. Foi arrematada por um consórcio liderado pelo Banco Bozano, Simonsen, uma vez vencidas todas as iniciativas jurídicas, políticas e de baderna. Representou uma *virada dos ventos* e abriu a porta a uma torrente de outras iniciativas de mesma espécie.

Uma semana depois, foi vendida a Companhia Eletromecânica Celma, especializada em revisão de turbinas e motores aéreos, herança da antiga Panair do Brasil, e transferida pelos governos militares à órbita da Aeronáutica, o que a blindou, ao lado da obrigatória especialização de sua atividade, da cobiça e ingerência política. Uma aliança entre a multinacional General Electric (GE), dois bancos nacionais e a Construtora Andrade Gutierrez adquiriu o controle da Celma.

A terceira privatização aconteceu logo adiante, em 11 de novembro de 1991. Era a Material Ferroviário S.A. (Mafersa), fabricante de vagões que havia sido estatizada nos delírios finais do governo João Goulart, em fevereiro de 1964. O leilão se iniciou às 14 horas e, após 43 minutos, a companhia foi arrematada com um ágio de 161% sobre o preço mínimo, o maior até aquela data. Estranhamente, o vencedor, sem associados, havia sido a Fundação Rede Ferroviária de Seguridade Social (Refer), fundação de previdência privada dos ferroviários federais. A lua de mel durou pouco. Quatro anos depois, com a Mafersa mergulhada em US$ 70 milhões de dívidas, a Refer se desfez de sua posição num leilão na Bovespa pelo valor simbólico de R$ 1.000,00 e a empresa desapareceu dos holofotes, com suas instalações fabris alugadas a terceiros.

Três dias mais tarde, iniciava-se a etapa seguinte de desestatização de siderúrgicas. Era vendido o controle da Companhia Siderúrgica do Nordeste (Cosinor), em Pernambuco, também resquício do *hospital* de empresas do BNDES. O arrematante foi o ascendente grupo Gerdau, que dominava a região com sua Usina Açonorte.

A terceira desestatização no setor de aço deu-se no Rio Grande do Sul três meses depois, em 14 de fevereiro de 1992. Foi a Aços Finos Piratini. Criada em 1960 no governo gaúcho de Leonel Brizola, a empresa ostentou prejuízos em toda sua história. Em três décadas, foram vertidos na companhia US$ 736 milhões pelos governos da União e do estado. O grupo Gerdau tinha razões políticas e sentimentais para adquirir a única das empresas estatais do mesmo ramo de atividade em sua terra natal, e o fez em disputa com a paulista Eletrometal, gerando um ágio de 153% sobre o preço mínimo de US$ 105 milhões.

Em 10 de abril, iniciou-se a privatização da indústria petroquímica. Foi leiloada a chamada Petroflex, antiga Fábrica de Borracha Sintética (Fabor), em Duque de Caxias, no Rio de Janeiro. A empresa foi arrematada por um consórcio de gigantes do ramo constituído por Companhia Petroquímica do Nordeste (Copene), grupo Suzano, União de Indústrias Petroquímicas S.A. (Unipar) e Nordeste Química S.A. (Norquisa), com pequena participação de fundos de pensão de empresas estatais.

A saída do Estado e seus agentes da área petroquímica prosseguiu em 15 de maio, quando foi vendida a central Companhia Petroquímica do Sul (Copesul), localizada no Rio Grande do Sul. A empresa foi adquirida por associação de diversas companhias lideradas pela petroleira Ipiranga Produtos de Petróleo S.A. e pela Odebrecht S.A.

O próximo objetivo de privatização, num leilão em 16 de junho de 1992, foi a Companhia Siderúrgica de Tubarão (CST). Localizada em Vitória, no Espírito Santo, esse complexo, entre custo de construção e juros, consumira cerca de US$ 3 bilhões até o início das operações. Os 51% da empresa postos à venda foram arrematados praticamente sem ágio por um consórcio formado pela Companhia Vale do Rio Doce (CVRD) e os bancos Bozano, Simonsen e Unibanco, que absorveu 46,6% do capital e o remanescente pulverizado por mais de setenta investidores pré-qualificados.

Um mês depois, em 15 de julho, foi vendido o controle da Companhia Nacional de Álcalis, estatal criada nos anos Vargas, adquirida pelo grupo Fragoso Pires, da empresa de navegação Frota Oceânica.

A Fertilizantes Fosfatados S.A. (Fosfertil) inaugurou em agosto de 1992 a desestatização das produtoras brasileiras de fertilizantes. A Fosfertil, maior produtora de fósforo no país, era braço da Petrobras Fertilizantes S.A. (Petrofertil), subsidiária da Petrobras. Foi comprada por um consórcio constituído por nove empresas misturadoras de adubos.

Na mesma data de afastamento de Fernando Collor de Mello, 29 de setembro de 1992, ainda foi leiloada a participação da Petrobras Química S.A. (Petroquisa) na Companhia Industrial de Polipropileno (PPH).

Essas foram as privatizações ocorridas nos dezesseis meses de Marcílio Marques Moreira à frente da economia brasileira. A seguinte, da Companhia Aços Especiais Itabira (Acesita), já aconteceria em 22 de outubro de 1992, após o início do processo de impeachment de Collor, na interinidade de Itamar Franco.

É importante ressaltar que a equipe econômica não se curvou ante as agressões e protestos contra as privatizações sobretudo do corporativismo interno das empresas aliado a setores do sindicalismo profissional e grupelhos de ultraesquerda. Sob esse aspecto, foi emblemática a violência ocorrida na praça XV de Novembro, no Rio de Janeiro, quando da venda da Usiminas, como em tantas outras oportunidades.

O objetivo central do ministro e sua equipe, do qual não houve desvios, era a modernização do Brasil, retirando o Estado de atividades que não lhe cabia desenvolver. Ao mesmo tempo em que, mais do que angariar meros recursos para o Tesouro, procurava-se solucionar os endividamentos e calotes legados pelo estatismo exacerbado das décadas anteriores.

AIDE-MÉMOIRE 7
A negociação da Dívida Externa Brasileira

PEDRO MALAN[1]

(Negociador Especial da Dívida Externa à época)

Em maio de 1991, o ministro Marcílio Marques Moreira e o presidente do Banco Central, Francisco Gros, ambos recém-nomeados, convidaram-me para suceder o ilustre embaixador Jorio Dauster como negociador-chefe da Dívida Externa Brasileira. Servidor público, representando o Brasil em Washington desde 1986 nas diretorias executivas do Banco Mundial (1986-1990) e do Banco Interamericano de Desenvolvimento (BID) (1990-1991), julguei que não poderia recusar. Pesaram na decisão a nomeação de Arminio Fraga para a diretoria de relações internacionais do Banco Central; e a qualidade do ministério a que, ao lado de Marcílio, vieram a juntar-se pessoas do quilate de Celso Lafer, Célio Borja e Jorge Bornhausen.

Não ignorava a responsabilidade da tarefa. As relações com os credores externos, privados e públicos eram tensas e pouco construtivas. Em 1987, o Brasil havia decretado uma moratória de sua dívida externa, e, naquele começo de 1991, seu relacionamento com os credores não constituía exceção à *guerra de trincheiras* a que se referiu Paul Volcker, desde 1979 presidente do Fed (Banco Central dos Estados Unidos), em texto publicado posteriormente.

A moratória do México, de agosto de 1982, marcou, como se sabe, o início da crise da dívida externa latino-americana. Fato menos conhecido é que a imi-

---

1   Com a colaboração de Bolívar Moura Rocha.

nência de uma nova moratória mexicana, em outubro de 1988, permitiu – ou exigiu – vislumbrar a rota de saída para a crise. O longo ciclo de negociações estéreis e desgastantes começou a ser rompido quando Nicholas Brady, que assumira o cargo de secretário do Tesouro dos Estados Unidos havia apenas três semanas, foi informado pelo embaixador do México de que seu país estava prestes a suspender os pagamentos da dívida para com bancos comerciais internacionais, numa repetição de 1982. Como escreveu Brady quase trinta anos depois, "nada como uma calamidade iminente para concentrar a mente".

O Plano Brady, como tornou-se imediatamente conhecido, contemplava a possibilidade de renegociação caso a caso, respeitando as peculiaridades de cada país; mas em um quadro de referência comum que incluía o apoio do setor oficial dos países desenvolvidos a negociações que reconheciam a incapacidade de honrar as dívidas nos termos originalmente contratados; e a troca da dívida *velha*, de forma *voluntária*, por dívida *nova*. Esta seria representada por instrumentos financeiros, os *Brady bonds*, oferecidos como *cardápio* de escolhas aos credores, com características definidas em cada negociação.

Foi grande o significado histórico do Plano Brady. Cerca de dezoito países, dos quais onze na América Latina, puderam normalizar seu relacionamento com a comunidade financeira internacional, após quase uma década da acrimoniosa *guerra de trincheiras*. No caso do Brasil, o acordo em princípio foi alcançado em julho de 1992, com a definição dos instrumentos financeiros; seguiram-se a aprovação do *Term Sheet* pelo Senado Federal, ao final do 1992, e a assinatura dos contratos, em novembro de 1993; e, por fim, a emissão dos *Brady bonds*, em 15 de abril de 1994.

A renegociação do Plano Brady brasileiro foi a única na América Latina a ostentar três ganhos negociais fundamentais. O primeiro era o direito de exigir que o resultado agregado das escolhas dos credores fosse *rebalanceado* caso houvesse concentração incial excessiva, ou demasiado pequena, em alguns dos instrumentos financeiros. E assim foi feito: o Brasil exigiu que o bônus com desconto (de 35% do valor de face) representasse no mínimo 35% do total da dívida, e o bônus ao par no máximo 35% do total.

Os outros ganhos tinham a ver com nosso relacionamento com o Fundo Monetário Internacional (FMI) e com o Tesouro americano. Desde o início das negociações, os credores privados e os governos de seus países haviam anunciado que um acordo *stand-by* com o FMI seria *condição precedente* de eventual acordo. O Tesouro americano, por outro lado, informou que não faria a emissão especial de *zero-coupon bonds* de trinta anos, que constituiriam a garantia real (*collateral*) para os bônus de desconto e ao par, senão mediante um acordo do Brasil com o FMI, como ocorrera no caso de outros países devedores.

Quando, ao final de 1993, foi alcançada a massa crítica (95%) de adesão dos credores ao acordo, o Brasil considerava que não seria viável um acordo com o FMI naquele momento. O desenrolar dos eventos, contudo, fora tornando favorável a resolução da dupla exigência. Quando do prazo final para a emissão dos novos títulos da dívida, em abril de 1994, já havia sido lançada, com êxito, a URV (Unidade Real de Valor), embrião do Real. Os países-chave do FMI apoiavam o esforço brasileiro – o Plano Real – para superar em definitivo os problemas históricos da inflação crônica, alta e crescente. E, por expressiva maioria, os credores preferiram ir adiante, concedendo uma dispensa (*waiver*) de cumprimento da cláusula contratual que previa o acordo do FMI como *condição precedente*. A administração e o *staff* do FMI reconheceram os méritos do programa de autoria do governo brasileiro e decidiram não objetar ao processo.

Em março de 1994, o Brasil surpreendera os credores com a informação de que todas as garantias reais previstas no acordo estavam asseguradas. O Brasil estivera, discretamentre, comprando no mercado internacional títulos de trinta anos do Tesouro americano que, capitalizados, correspondiam ao *bullet payment* dos bônus ao par e de desconto, dali a trinta anos. Com isso, não mais dependíamos de uma emissão especial de *zero-coupon bonds;* e o Tesouro americano apoiou nosso acordo, sem necessidade de abrir mão de sua posição inicial.

Como resultado da renegociação, um passivo externo de cerca de US$ 52 bilhões teve seu valor presente reduzido consideravelmente. O Brasil não voltou a ter problemas com a dívida externa de médio e longo prazo do setor público (a dívida *denominada* em moeda estrangeira e *liquidada* em moeda estrangeira). A dívida externa de médio e longo prazo em moeda estrangeira do setor público brasileiro, ou por este garantida, que era de US$ 87,7 bilhões em 31 de dezembro de 1990, passou a US$ 95,6 bilhões em 31 de dezembro de 2002, um aumento de apenas 10% (0,8% ao ano), e constituía uma proporção declinante do Produto Interno Bruto (PIB) e das exportações brasileiras, que haviam crescido, respectivamente, 37% (2,7% ao ano) e 99% (6% ao ano) no período.

A exitosa negociação da dívida deixou também benefícios indiretos – menos evidentes, mas não menos importantes. O diálogo fluido com a comunidade financeira internacional teve importante contrapartida no plano doméstico, em particular com a Comissão de Assuntos Econômicos (CAE) do Senado Federal, regularmente informada ao longo de todo o processo. Essa dinâmica em muito ajudou na experiência subsequente, de importância fundamental, do lançamento à consolidação do Plano Real.

A continuidade da equipe que Marcílio e Gros montaram desde meados de 1991, à qual emprestaram apoio inequívoco em todos os momentos-chave, foi da maior importância; os aspectos essenciais da renegociação da dívida foram definidos no período em que ambos estiveram à frente do Ministério da Fazenda e do Banco Central, respectivamente. E o processo iniciado em maio de 1991 beneficiou-se por certo de lições aprendidas com experiências anteriores, nossas e de outros. Um processo que permitiu deixar para trás a inflação alta e crescente, bem como a *guerra de trincheiras* que caracterizou as tentativas de renegociação da dívida externa do país ao longo dos difíceis anos 1980.

6.
Pacto de governabilidade

Em fins de 1991, o então presidente Fernando Collor de Mello sentiu a necessidade premente de melhorar a qualidade de sua equipe de governo, talvez acatando o conselho dado por Maquiavel no início do século XVI: "Não é de pequena importância para um príncipe a escolha de seus ministros, quais são os bons ou não, segundo a sua prudência."

A série de mudanças começou com o convite ao cientista José Goldemberg para a Secretaria de Ciência e Tecnologia, temporariamente para o Ministério da Saúde e, mais tarde, para o Ministério da Educação. Seguiu a ele o conceituado cardiologista Adib Jatene para a Saúde e, mais tarde, Reinhold Stephanes para o Trabalho e Previdência.

Mas nos primeiros meses de 1992, Collor se convenceu da necessidade de mudança mais drástica, solicitando em fins de março que todo o gabinete renunciasse. Deixou claro, entretanto, que os ministros militares e o da Fazenda seriam mantidos, o que ocorreu também com os recém-nomeados ministros acima arrolados e alguns outros, como Sérgio Paulo Rouanet e o ministro da Agricultura, Antônio Cabrera. No início de abril de 1992, foi nomeado para a Justiça Célio Borja, que até aquele momento exercia o cargo de ministro do Supremo Tribunal Federal. Eliezer Batista assumiu a Secretaria de Assuntos Estratégicos, Jorge Konder Bornhausen, a pasta do Governo, Celso Lafer, o Ministério das Relações Exteriores, Pratini de Moraes, o de Minas e Energia, Nelson Marchezan, a Secretaria das Comunicações, Affonso Camargo, o Ministério dos Transportes, e Ângelo Calmon de Sá, o de Desenvolvimento Regional.

Foi um verdadeiro *cavalo de pau*, não só pela conhecida competência dos escolhidos, se não também, pela suas brilhantes carreiras e reputação ilibada, o que de imediato levou o novo gabinete a ser chamado de *Ministério dos Notáveis* ou dos *Éticos*. Uma mudança da água para o vinho, comentou-se à época.

No entanto, a célebre entrevista de Pedro Collor à revista *Veja*, publicada em maio, com graves acusações de corrupção contra seu irmão presidente, desestabilizou o governo e, consequentemente, o país. Daí para frente, o clima político, que já não era muito favorável, passou a enfrentar sérias turbulências. A cronologia dos fatos foi dramática.

No dia seguinte, o ministro da Justiça Célio Borja pediu à Polícia Federal a abertura de inquérito para apurar as denúncias de Pedro Collor, e ação penal para responsabilizar o irmão do presidente por crime contra a honra. O procurador-geral da República Aristides Junqueira também pediu abertura de inquérito para apurar crimes contra a administração pública federal atribuídos a Fernando Collor, à ex-ministra Zélia Cardoso de Mello, a Paulo César Farias – amigo pessoal do presidente da República e seu ex-tesoureiro de campanha, conhecido por PC – e ao piloto de avião Jorge Bandeira de Melo, acusado de intermediar liberação de verbas do Ministério da Ação Social, informava o *O Estado de S. Paulo*. Em sequência, valendo-se da alegação de insanidade, a matriarca Leda Collor de Mello destituiu Pedro da condução do conglomerado midiático da família em Alagoas, que ele ocupava até então.

Já em 26 de maio, o Congresso aprovou a criação de uma Comissão Parlamentar Mista de Inquérito (CPMI) para apurar as denúncias de Pedro Collor. Ela foi instalada e iniciou seus trabalhos em 1º de junho.

Paulo César Farias foi ouvido em 9 de junho e sobre ele se acumularam suspeitas de tráfico de influência, crime eleitoral e sonegação fiscal. Até Renan Calheiros, antigo aliado de Fernando Collor, denunciou a existência de "um alto comando do esquema PC que, verdadeiramente governaria o país".

Em fins de junho, a revista *IstoÉ* publicou uma bombástica entrevista com o motorista Eriberto França na qual ele declarava que a Brasil-Jet, empresa de PC, pagava as contas da Casa da Dinda, residência de Fernando Collor, e que Ana Acioli, secretária do presidente, recebia recursos de firmas de PC. Em 1º de julho, Eriberto depõe à CPMI e confirma todas as acusações.

Ao longo de julho, a CPMI descobriu cheques nominais de PC, ou de suas empresas, a favor de Rosane Collor, mulher do presidente, de Cláudio Vieira, então secretário particular do primeiro-mandatário, e de Cláudio Humberto Rosa e Silva, porta-voz da Presidência da República. Ironicamente, Fernando Collor veio a ser vítima de uma de suas primeiras providências econômicas: a extinção dos cheques ao portador.

Em 13 de agosto, num discurso de improviso, Collor convoca os brasileiros a irem às ruas vestindo verde e amarelo em defesa de suas posições. O resultado foi um autêntico fiasco. No domingo seguinte, o que se viu foram multidões vestindo preto, nas praias e praças, a exigir o impeachment do presidente.

Arminio Fraga resume o ambiente que se criou e as providências que procuramos tomar:

> Na medida que ocorria aumento de suspeitas de esquemas de corrupção no círculo mais íntimo do presidente, foram caindo as esperanças de sucesso com a agenda de reformas estruturais. Após intensos debates, a área econômica do governo decidiu apresentar uma agenda alternativa, austera e de curto prazo, montada sem contar com a aprovação de reformas de longo prazo, mas voltada para garantir um mínimo de estabilidade enquanto a credibilidade do governo estivesse em questão.
>
> Uma reunião do governo para discutir a proposta foi marcada em meados de agosto de 1992. Nela, que contou com a presença do presidente Fernando Collor, participaram, pela área política, Jorge Bornhausen, Marco Maciel, Ricardo Fiuza, Lafaiete Coutinho e Álvaro Mendonça; pelo campo econômico, vieram Marcílio Marques Moreira, Francisco Gros, Roberto Macedo e Luiz Fernando Wellisch. Pedro Bodin, Gustavo Loyola e eu participamos com observadores.
>
> O clima foi muito tenso e o próprio presidente questionou alguns pontos específicos, reclamando de falta de sensibilidade do grupo. O debate iniciado claramente não caminhava para lugar algum, quando, do lado político, veio a declaração que definiu o encontro: "Vocês têm que entender que o nosso

objetivo aqui é fazer o placar!". O autor da frase referia-se ao resultado das votações na tramitação da Comissão Parlamentar Mista de Inquérito (CPMI) e do possível impeachment. Um dos membros da equipe resumiu a conclusão de nosso grupo: "Após essa pérola, a conversa murchou e fomos embora pensando, unanimemente, em demissão o quanto antes."
O resto da história é conhecido. Pouco tempo depois o ministério construiu o pacto de governabilidade, a equipe permaneceu unida, e os danos à nação foram minimizados.

No dia seguinte à reunião fielmente descrita pelo Arminio, o presidente chamou-me para deixar claro que, segundo ele, no encontro da véspera não havia aventado o "abrandamento" do ajuste fiscal que perseguíamos e que não apoiara propostas naquele sentido. Em suas palavras, foram os políticos presentes os únicos a sugerir inversão da rigorosa política monetária então perseguida, pensando mais no placar do impeachment do que na importância para o país da aprovação da reforma fiscal.

Mais uma vez, Collor disse-me que o pior que lhe podia acontecer seria ser impedido, comparando sua situação com a de um governador de Alagoas que fora *impeached* pela Assembleia Legislativa, mas que, vitimizado, acabou voltando ao governo do estado. Fernando Collor concluiu dizendo que, para ele, era mais importante o placar da votação da reforma fiscal do que o de um eventual impeachment.

Poucos dias depois, a CPMI revela que a reforma da Casa da Dinda havia sido paga por uma empresa de PC, bem como que as contas dele e da secretária Ana Acioli teriam sofrido saques expressivos às vésperas da decretação do Plano Collor, burlando o congelamento que foi imposto a toda a população.

Em 24 de agosto, o senador Amir Lando, relator da CPMI, apresenta seu parecer envolvendo Collor nos crimes praticados por Paulo César Farias.

A temperatura política atingia o ponto de ebulição e a estabilidade institucional do país estava seriamente ameaçada.

Foi sob esse clima ao longo do andamento da CPMI que, aos poucos, surgiu a ideia do Pacto de Governabilidade. As origens mais imediatas desse acordo foram as constatações que, à medida que avançavam as investigações, a cargo do Banco Central e da Secretaria da Receita Federal, sob minha responsabilidade, reforçadas pelo depoimento do motorista Eriberto França e pelo trabalho da Polícia Federal, a cargo do ministro Célio Borja, o presidente dificilmente teria condições de esquivar-se de um impeachment.

Simultaneamente, havia um sentimento comum de responsabilidade de todo o alto escalão governamental em Brasília. Tratava-se de transmitir ao país um mínimo de equilíbrio e permanência, de segurança enfim, de que os rumos nacionais seriam preservados enquanto durasse a tempestade. Como pano de fundo desse clima, e na realidade, a lastreá-lo, existia um acordo não escrito, mas comentado na equipe de governo. Meu editor, José Luiz Alquéres, à época Secretário Nacional de Energia do Ministério da Infraestrutura, denominou-o "Pacto de Solidariedade". O entendimento geral era que, se um ministro, ou detentor de cargo de primeira linha, fosse demitido por injunções político-partidárias ou em retaliação a ter negado algum favor impróprio, todos sairiam em solidariedade. Alquéres o compara ao lema dos *Três Mosqueteiros*, célebre romance de Alexandre Dumas: "Um por todos, todos por um."

Por outro lado, aumentou a noção oposta de que quem permanecesse no governo veria sua reputação atingida, convicção agravada pela pressão das respectivas famílias e círculos de amigos. Crescia a probabilidade, portanto, de uma debandada geral difícil de controlar e que viria a adicionar novo elemento perturbador ao quadro, em si próprio, já preocupante.

Houve longas conversas e debates num grupo restrito em torno de tais angústias. E foi necessário recorrer a três argumentos centrais, de ordem ética, que eu havia estudado e, que mais tarde, viria a estender no *paper* "Ética e Economia", que está sumarizado no Capítulo 1 deste livro e consta na íntegra, como um apêndice a esta publicação.

No primeiro, embora o raciocínio pareça lógico, se visto pela ética da convicção, era necessário recorrer à outra versão de ética, segundo a famosa conferência de Max Weber sobre a vocação do político.[1] Este, de acordo com Weber, teria, na grande parte das vezes em que atuasse na política,

---

1 Max Weber, "A Política como vocação", in *Ciência e política: duas vocações*. 16ª ed. São Paulo: Cultrix, 2000.

de obedecer, sobretudo, à ética da responsabilidade ou das consequências, pois seria cobrado pelos resultados de sua decisão e não por sua motivação interior. As duas éticas não se diferenciavam pela natureza, mas pelas circunstâncias em que seriam exercidas. Nos casos-limite, o exercício ou não de um crime, por exemplo, a ética da convicção passaria a ser privilegiada. Na maioria das ocasiões, entretanto, caberia ao político apesar de possíveis ou prováveis críticas, focar nas consequências de seus atos e perseverar, afirmando: "apesar de tudo".

Em segundo lugar, tínhamos nos comprometido a exercer o melhor de nossos esforços para bem servir à nação, ao Estado, à sociedade e não a um governo ou pessoa, mesmo que fosse o presidente.

Um terceiro ponto, para que não pairasse dúvida a respeito, consideramos incluir no Comunicado à Nação, pois seria importante. Inclusive para que nossa continuidade no gabinete levasse eventualmente à obrigação de permanecer, caso o presidente fosse capaz de vencer a batalha congressual. Por isso, deixamos claro que ali estávamos para assegurar a governança do país nas áreas de economia e segurança, mas que nos dissociávamos da disputa política e que poderíamos sair fosse qual fosse o resultado no Parlamento.

O primeiro rascunho do documento foi redigido por José Gregori, então meu chefe de gabinete e principal conselheiro político, e a redação final passou pelo crivo de Célio Borja, ministro da Justiça, de Jorge Bornhausen, secretário de governo da Presidência da República, equivalente à chefia da Casa Civil e do meu mesmo, além de alguma supressão ou adição dos que o subscreveram.

Naquele momento histórico instalava-se o que o cientista político Amaury de Souza designou como *parlamentarismo informal*, e um editorial do *O Estado de S. Paulo* cunhou como "sistema parlamentarista *sui generis*". Na verdade, era o gabinete que ainda dava sustentação ao presidente. Ele já havia perdido a batalha da opinião pública e sua situação se deteriorava a olhos vistos no Congresso Nacional.

Como Amaury de Souza muito bem definiu, "quando o desequilíbrio entre os poderes atinge um grau perigoso, pode ser necessário negociar um pacto defensivo. Isso ocorreu quando ficou evidente que Collor teria de renunciar ou ser destituído do cargo". No fundo, o Congresso e o ministério negociaram uma trégua.

O gabinete estava acima da maré de corrupção que afogava o governo. O ministro e jurista Nelson Jobim, em entrevista ao *Jornal do Brasil* em 2 de julho de 1992, foi taxativo: "A crise tem a ver com o presidente, e não com seu ministério. Todos os fatos sob investigação aconteceram antes da mudança ministerial. Depois disso, tudo mudou."

O texto final do documento que sacramentou o parlamentarismo informal, composto por cinco sóbrios parágrafos, foi designado como Comunicado à Nação, e datado de 25 de agosto de 1992, casualmente, data em que se comemorava mais um aniversário da triste renúncia de Jânio Quadros, e dia seguinte à apresentação do relatório do senador Amir Lando na CPMI. Foi assinado por 27 personagens, isto é, a totalidade dos ministros de Estado e secretários de governo, sem qualquer exceção.

No primeiro parágrafo, afirmávamos a convocação pelo presidente da República e as missões de modernização do país, contenção da inflação, retomada do desenvolvimento e prosperidade geral com liberdade e justiça de que estávamos imbuídos. A última frase resume o objetivo final do documento: "determinação de continuar cumprindo seus deveres para com o povo brasileiro". Ou seja, o gabinete garantia a condução do país até o fim da crise.

O tópico seguinte enfatizava a consciência coletiva da honradez de que revestíamos nossas vidas. E não temíamos a ameaça de perder o respeito dos concidadãos, exatamente por servi-los em hora e circunstâncias adversas. Demonstrávamos confiança nas políticas de governo que executávamos, empenhando-nos em seu prosseguimento para que o povo pudesse vir a colher os frutos da renovação das estruturas econômicas, sociais e políticas do país.

No terceiro parágrafo está a menção inicial ao bem comum, que deveria pairar acima de partidos, interesses eleitorais e corporativos, rivalidades regionais ou de facções e antipatias políticas ou pessoais. Por essa razão, acreditávamos ser desejo do país que a questão política viesse a ser resolvida nos fóruns constitucionais próprios, sem pôr em risco os interesses maiores e as necessidades da nação.

O quarto item mencionava o eventual encerramento do episódio, quando nos veríamos confortados por haver prestado ao país, sem vaidade, mas com orgulho e competência, os serviços que, num momento de sacrifícios, só poucos foram incumbidos de prestar.

O quinto parágrafo fechava o documento. Considerávamos de nosso dever prosseguir trabalhando com serenidade para assegurar a indispensável continuidade da administração pública, da atividade privada e da tranquilidade dos cidadãos. Em seguida, apelávamos a todos os brasileiros para que, acima da crise política, colaborassem para a governabilidade do país e preservação dos interesses permanentes do Brasil.

Como se vê da cópia do documento, todos os ministros e secretários de governo o assinaram, inclusive os ministros militares e o embaixador Marcos Coimbra, secretário-geral da Presidência da República, cunhado do presidente. Essa assinatura tinha o significado claro de que não houvera oposição do presidente à divulgação que foi feita. Mesmo assim, levei o texto a Collor, a quem mostrei que asseguraria a manutenção de todos os ministros e, portanto, a tranquila governança do país em período de forte efervescência política.

As providências finais e assinaturas ocorreram em minha sala no 4º andar do Palácio do Planalto, onde almoçamos hambúrgueres e folheados de maçã comprados num McDonald's da vizinhança.

No início de setembro, tive a oportunidade de ver reconhecidos nossos esforços por uma espontânea manifestação de apoio que recebi no Rio de Janeiro. No sábado, dia 5, início do feriadão de 7 de setembro, fui ao Shopping da Gávea tomar um chá e, reconhecido, fui aplaudido pelos frequentadores. Foi gratificante. E isso num momento em que os "caras-pintadas" já estavam nas ruas protestando contra Fernando Collor. Era um sinal claro de que o gabinete se havia descolado da imagem negativa do presidente. Esse episódio demonstra a respeitabilidade que envolvia o ministério, sobretudo quando se considera que o governo estava prestes a ser derrubado, envolvido pelas denúncias de corrupção.

Dois meses depois, em 29 de setembro, a Câmara dos Deputados aprovou a abertura do processo de impeachment contra o presidente, o que o levou ao afastamento do cargo. No dia útil seguinte, 2 de outubro, às 11 e pouco da manhã, Collor perguntou as horas a Célio Borja, que estava presente no Planalto, e assinou o termo respectivo.

Com a posse de Itamar Franco, deixávamos os lugares todos os signatários do Pacto de Governabilidade. Não sem antes havermos cumprido os compromissos assumidos com o país naquele documento. Havíamos dado a volta por cima, superando a tempestade que se abatera sobre o presidente. E saímos com honra de um governo que caiu por vícios, com os quais não tivéramos qualquer envolvimento.

De minha parte, houve alguns pormenores que merecem ser revelados. Transmiti o posto ao sucessor, o pernambucano Gustavo Krause. Ele recebia o ministério desidratado, apenas a Fazenda, sem a Economia, e prestes a perder o Planejamento, pois Itamar Franco já havia promovido as alterações correspondentes.

Entreguei a Krause dois dos símbolos do poder: um botão de lapela com a insígnia do ministério e um raro apetrecho à época: o telefone celular exclusivo para uso do ministro. Ao deixar o Planalto, naquele dia, um terceiro símbolo já me havia sido subtraído: a placa de bronze do carro de ministro da Economia, Fazenda e Planejamento.

Na transmissão do cargo, Krause me confidenciou uma dúvida: não sabia se seria Gustavo, o Breve, ou o Longo, talvez por conhecer o notório temperamento mercurial de Itamar Franco. Foi ministro por 75 dias, de 2 de outubro a 16 de dezembro de 1992. Seu sucessor, Paulo Haddad, casualmente ocupou o posto por período rigorosamente idêntico, nada mais ou menos que outros 75 dias. Já Eliseu Rezende, que veio em seguida, teve pequena sobrevida: foram oitenta dias, entre 1º de março e 19 de maio de 1993, quando substituído por Fernando Henrique Cardoso, principal artífice do Plano Real e, mais tarde, presidente da República.

O epílogo do período Collor se deu em 29 de dezembro de 1992, quando o Senado, reunido sob o comando do presidente do Supremo Tribunal Federal, estava prestes a iniciar a votação final do impeachment, o ainda presidente apresentou sua renúncia ao cargo, o que não impediu sua cassação e perda dos direitos políticos por oito anos.

Como adendo a este Capítulo, quatro *aide-mémoires* exploram visões de membros da equipe de governo sobre aquele período.

De José Gregori, meu então chefe de gabinete incluímos o *aide-mémoire* 8 sobre o fenômeno que veio a ser conhecido como *Parlamentarismo Informal*. E para lembrar a sua relevância histórica, transcrevo a seguir trecho pertinente àquela crise, tal como descrita por Celso Lafer ao prefaciar as memórias de Gregori *Os sonhos que alimentam a vida*, de 2009:

> No campo de provas da democracia brasileira, esta crise teve magnitude comparável à que levou ao suicídio de Getúlio Vargas, ao impacto da renúncia de Jânio e ao processo que trouxe a queda de Jango, que Gregori e Marcílio acompanharam como colaboradores de San Tiago. Ela teve um bem-sucedido encaminhamento que resultou de 'um compromisso de governabilidade' dos que integravam o ministério. No meu entender instituiu-se na prática um governo de gabinete incrustado num sistema presidencialista. Deste gabinete, Marcílio, com grande sabedoria, foi um primeiro-ministro de fato e contou, no exercício dessa função com o talento político de Gregori (...). Estava latente na cabeça dos dois de construir um polo de racionalidade e democracia em meio de uma grande crise. Este polo foi bem-sucedido, pois o desfecho da crise dentro da legalidade consolidou a democracia.

No *aide-mémoire* 9, de Celso Lafer, ministro das Relações Exteriores, consta um pequeno, mas precioso relato sobre a Rio-92, Conferência Internacional, que apesar da turbulência exacerbada pela denúncia de Pedro Collor já ter sido deflagrada, logrou pleno êxito (graças a excelente trabalho coletivo preparatório) e o resgate de nossa credibilidade internacional. A presença maciça de 103 chefes de Estado e de governo e também a inédita e animada presença de amplo espectro de organizações da sociedade, transformou a Rio-92 em um marco na consciência da fertilização cruzada entre meio ambiente e desenvolvimento humano.

No *aide-mémoire* 10, foi incluído um texto de José Luiz Alquéres, então Secretário Nacional de Energia, sobre os setores de energia – em especial, petróleo, gás natural e energia elétrica – cuja modernização começou exatamente nesse período, alinhada com as diretrizes que o governo havia estabelecido.

O *aidé-memoire* 11, elaborado pelo ministro Celso Lafer, retrata a profunda coerência entre o que foi efetuado na gestão interna do país e sua projeção internacional que se queria inserida na tradição moderna, democrática e social-liberal.

Por fim, no *aide-mémoire* 12, Roberto Macedo faz uma avaliação recente da política econômica e comportamental da inflação naquele período.

AIDE-MÉMOIRE 8
Parlamentarismo informal?[1]

JOSÉ GREGORI

(Chefe de Gabinete do Ministério da Fazenda à época)

Em maio de 1991, meu amigo Marcílio Marques Moreira, dos tempos de San Tiago Dantas, foi chamado para o Ministério da Fazenda. Até então embaixador do Brasil em Washington, Marcílio tinha livre trânsito em todos os organismos financeiros internacionais. Na gestão de Zélia Cardoso de Mello, o Ministério da Fazenda se tornara muito forte do ponto de vista instrumental, pois centralizava todas as políticas econômicas, financeiras, exportadoras e fiscais. Logo depois de lançarmos o Opção Brasil – que era um movimento que havia fundado com amigos para lutar pelo aperfeiçoamento das práticas políticas –, Marcílio me convidou para integrar sua equipe, mas eu não aceitei. Um ano depois, ao fazer uma escala no Aeroporto de Guarulhos, ele me chamou para uma conversa reservada. Disse-me que Fernando Collor de Mello estava se desligando do núcleo inicial de seu governo e manifestara o desejo de aproximar-se do Partido da Social Democracia Brasileira (PSDB) e de outras forças políticas, na tentativa de ampliar a base de sustentação política do governo, já periclitante. As condições haviam mudado radicalmente desde a nossa primeira conversa, e Marcílio, como amigo, precisava muito de minha colaboração pessoal em Brasília. Ouvi Fernando Henrique Cardoso, Celso Lafer e outros amigos e resolvi aceitar o convite, como tarefa pessoal, assumindo a chefia do gabinete de Marcílio.

---

1 N.E.: Texto original extraído do livro de José Gregori, *Os sonhos que alimentam a vida*, São Paulo: Jaboticaba, 2009, p. 346-352.

Collor completou a reforma do ministério, convidando nomes que, a seu ver, acrescentariam credibilidade moral à equipe, como Eliezer Batista, ex-presidente da Companhia Vale do Rio Doce, que assumiu a Secretaria de Assuntos Estratégicos, o cientista político Hélio Jaguaribe e o jurista Celso Lafer, ligados ao PSDB, nomeados respectivamente para a Secretaria de Ciência e Tecnologia e para a pasta das Relações Exteriores. E Célio Borja, que renunciou ao cargo no Supremo Tribunal Federal, para a pasta da Justiça. Já integravam o ministério o diplomata Sérgio Paulo Rouanet, o cirurgião Adib Jatene e o ex-reitor da USP, o físico José Goldemberg. E também personalidades projetadas ao tempo do regime militar, como Jarbas Passarinho, Ângelo Calmon de Sá, Pratini de Moraes e Jorge Bornhausen. Pouco tempo depois, João Mellão Neto passou a ocupar a pasta do Trabalho.

O PSDB não integrou o governo, embora convidado formalmente. O partido discutiu muito o assunto, e a corrente contrária, com Mário Covas à frente, prevaleceu. A decisão do partido foi tomada meses antes das denúncias contra Collor. Pesaram as razões políticas, e disso o presidente Collor foi informado, depois da reunião decisiva do PSDB, em Brasília, em telefonema de grande dignidade, que testemunhei da parte do presidente do partido, Tasso Jereissati. Fernando Henrique, mesmo convidado formalmente por intermédio de Marcílio, depois da recusa do PSDB, para ocupar o Ministério de Relações Exteriores, como me disse e a Marcílio: "Jamais poderia deixar de seguir o partido que fundara".

Marcílio formou uma equipe tecnicamente muito qualificada. A maioria dos que depois participaram da elaboração do Plano Real estavam lá. Ao menos alguns desses técnicos talvez perdurem até hoje no governo Lula, pois são o que há de melhor na tecnoeconomia brasileira, muitos oriundos da PUC-Rio. Foi uma fase atribulada, em termos políticos, mas extremamente agradável do ponto de vista pessoal, pela convivência que tive com Marcílio Marques Moreira, um amigo muito culto e estimado. A maior ofensa que se pode fazer a Marcílio é falar de um livro que ele não tenha lido. Homem íntegro, aceitou o cargo de ministro como missão e num momento dificílimo, pois Zélia Cardoso de Mello, mulher indiscutivelmente valente – ousara atrevimentos econômicos sequer sonhados pelos teóricos brasileiros dessa área –, deveria mesmo ser substituída, tanto pela acelerada desintegração de sua insólita política econômica como por seu comentado momento romântico com um colega de ministério.

No meio do governo Collor, que foi uma gestão sem rumo certo, mas sempre arrebatada; tudo o que fez tem a marca do exagero. Marcílio, como seu ministro da Fazenda, realizou três tarefas delicadas e de grande perícia. Primeiro, sua equipe preparou e cumpriu o plano de devolução, centavo a centavo, do dinheiro confiscado no período Zélia, na tentativa de vencer a megainflação, de mil e tantos por cento ao ano, num golpe único. E, em segundo lugar, iniciou de forma resoluta a negociação da dívida externa brasileira, escalando para esse desafio o economista Pedro Malan. Nos fins de noite, costumava receber quilométricos telex – ainda não havia internet. Não sei se alguém os lia, mas fico comovido somente em pensar que foram redigidos pela equipe de Malan. A renegociação foi uma tarefa absolutamente hercúlea da dupla Marcílio e Malan.

A inflação, no entanto, continuava muito alta. Todos os dias, a equipe econômica, brilhante e numerosa, almoçava com Marcílio no último andar do Ministério da Fazenda. Como eu não era muito técnico ou economista, minha indagação, leiga e aflita, era sempre a mesma: "E a inflação?" A ela seguia-se um silêncio obsequioso e compacto de toda a mesa...

Em paralelo, com denúncias cabeludas que partiam do próprio irmão do presidente Collor – ódio em família é algo mortal, desde os tempos dos Borgias –, começou a crescer a grita popular pelo impeachment, principalmente de setores da classe média, com as repetidas e ruidosas manifestações de rua dos jovens dali provenientes, os caras-pintadas. O núcleo próximo ao presidente estava completamente desarvorado, e alguns ministros, para evitar o desgaste político, pediram demissão. Marcílio, ao contrário, mantinha-se firme e incansável em seu posto. Era reiteradamente procurado por deputados, senadores, banqueiros e empresários que lhe manifestavam apoio e lhe dirigiam apelos candentes para que permanecesse conduzindo a política econômica.

Em São Paulo, numa gélida noite de agosto, sob a coordenação de Manoel Pires da Costa, então presidente da Bolsa Mercantil & de Futuros (BM&F), organizou-se um megaevento em homenagem a Marcílio, que, no Clube Sírio-Libanês, reuniu praticamente todos os representantes das entidades empresariais do país. Eu disse a Marcílio e aos ministros amigos que, do ponto de vista pessoal, talvez fosse mais cômodo para todos nós voltarmos para casa. Mas, diante daquelas manifestações e da nossa fragilidade democrática, ponderei que ele era a única pessoa do governo que ainda mantinha a credibilidade junto à opinião pública e aos organismos internacionais. Sei o quanto sofri com o dilema entre as decisões de Estado e a ética dos fins. A tensão era compartilhada em reuniões de análise – verdadeiros pesadelos acordados – de Marcílio com Lafer, Célio, Jaguaribe, Rouanet e os embaixadores Gelson Fonseca Jr. e Oto Agripino Maia. Uma vez me lembro, jantamos eu e Maria Helena com os casais Célio Borja e Marcílio Marques Moreira no Antonio's, em Brasília. Durante todo o tempo, silêncio ininterrupto e angustiado. Não sei, até hoje, como a comida desceu...

Mas, hoje, com a alma leve, acho que dei o conselho certo. Sei lá o que poderia ter acontecido neste país tropical se todo aquele bolsão confiável tivesse se demitido de um governo já sem nenhuma confiabilidade e sustentação.

Em política, há sempre uma realidade que é vista de modo bifocal: o que se passa dentro do governo e o que é visto fora. Sinto-me no dever de registrar uma observação muito pessoal: os ministros que compunham o núcleo da última fase do governo Collor, e com quem convivi, eram homens públicos dos mais íntegros que conheci. Esse lastro, no entanto, não impediu que aquele governo, pelos motivos conhecidos, recebesse o ferrete ético que o conduziu ao naufrágio.

Celso Lafer acertou os passos do Brasil em Direitos Humanos, fazendo aprovar todos os tratados internacionais com os quais o país estava em débito. Foi uma figura maiúscula na Eco-92 – megaconferência internacional no Rio de Janeiro –, um dos maiores feitos até hoje da diplomacia brasileira. Célio Borja é dessas verticalidades éticas que enobrecem a vida pública, com a qual também se alinham Marcílio, Jaguaribe e Rouanet. Falo deles porque foi com essas pessoas que compartilhei os últimos dias de governo. E, no entanto, todos eles tiveram que amargar dias terríveis, quando o julgamento do governo que integravam avizinhava-se da ravina moral.

Formou-se contra o governo um juízo em bloco, com a mídia fechada numa pauta única e, na blindagem que o cercava, não havia brecha sequer para um suspiro de piedade. Num cenário como esse, não sobrava espaço para a governabilidade, que sempre depende de certa margem de confiança. Sei hoje porque a teoria política utiliza a expressão "queda de governo". É queda mesmo.

Lembro-me da véspera da saída constitucional de Collor, quando receberia o "Retira-se" do Senado, previsto em lei. Estávamos na casa do ministro Rouanet, além dos donos da casa, os casais Lafer, Marques Moreira, Jaguaribe e a esposa de Célio Borja, esperando que ele retornasse do Palácio do Planalto para a conversa final para o qual o presidente o convocara.

Corriam rumores em toda Brasília de que Collor tivera um acesso de fúria e havia arrebentado espelhos, vasos e móveis do Palácio. Nesse clima de tensão máxima, esperávamos aflitos por Célio. Algum tempo depois, ele retornou e, com sua fleuma habitual, relatou que o presidente, com gestos comedidos, pediu a sua presença no Palácio, novamente, no dia seguinte. Na sequência, solicitou-lhe que fosse testemunha dos telefonemas que fez aos ministros militares, exortando-os a que assegurassem a ordem pública em todo o país. E, com lhaneza, despediu-se de Célio Borja, num Palácio silencioso, na mais completa e soturna calma.

A missão desses ministros, que a imprensa da época qualificava de *Ministério dos Notáveis*, foi eminentemente institucional. A nota que expediram, por mim esboçada, mas redigida por Célio Borja, deixou isso bem claro.

Lembrei-me de uma expressão que o doutor Ulysses usava muito, para nos chamar à realidade: "O Brasil não é a Suécia." E, realmente, Marcílio Marques Moreira ficou até o último suspiro do governo, com toda a dignidade, acompanhado de Célio, Lafer, Jaguaribe e Rouanet, quando sobreveio institucionalmente, pelo Congresso, rigorosamente, no ritual da letra da Constituição, o impeachment.

AIDE-MÉMOIRE 9
Rio-92

CELSO LAFER
(Ministro das Relações Exteriores à época)

A Rio-92 – como foi chamada a Conferência das Nações Unidas sobre o Meio Ambiente e o Desenvolvimento – foi celebrada no Rio de Janeiro de 3 a 14 de junho de 1992. Cabe lembrar inicialmente as datas de 1988, decisão da Assembleia Geral da Organização das Nações Unidas (ONU) de realizar uma nova Conferência sobre o tema ambiental e a de aceitação, em 1989, da oferta brasileira de ser a sede da Conferência. Esta já sinalizava uma postura mais ativa de construção de cooperação internacional por parte do Brasil em consonância com os objetivos e valores da Constituição de 1988 (Artigo 225).

A Rio-92 tem um antecedente: a Conferência de Estocolmo sobre o Meio Ambiente, de 1972. Esta assinalou a primeira tomada de consciência no plano diplomático mundial da fragilidade dos ecossistemas que, integrados, sustentam a vida na terra. As questões suscitadas, embora de alcance geral, enfrentaram na dinâmica das polaridades Leste-Oeste e Norte-Sul as distorções dos unilateralismos e das inconformidades com os desníveis de desenvolvimento e riqueza no mundo. De Estocolmo derivaram, no entanto, iniciativas relevantes. Menciono duas: a criação do IPCC (em português, Painel Intergovernamental sobre Mudanças Climáticas), um marco que se consolidou no tempo do reconhecimento do papel da ciência nas negociações diplomáticas sobre o meio ambiente, e o Relatório da Comissão Mundial de Especialistas, reunidos pelo Programa das Nações Unidas para o Meio Ambiente (PNUMA), que ficou conhecido como Relatório Brundtland. Este elaborou o novo paradigma de *desenvolvimento sustentável*, que teve o mérito de tornar compartilhável a simultânea preocupação com a preservação do meio ambiente e o desenvolvimento, desvendando um caminho comum que contribuiu para a Rio-92.

Encontro inédito na vida diplomática mundial, a Rio-92 assinalou uma alteração do funcionamento da "máquina do mundo", pois foi a primeira Conferência da ONU sobre temas globais após a queda do muro de Berlim e o fim da Guerra Fria. Por isso, não obedeceu à lógica de polaridades definidas Leste-Oeste e Norte-Sul e abriu um espaço diplomático para a cooperação, na nova lógica do que seria a década de 1990, quando ocorreriam a Conferência de Viena, de 1993, sobre Direitos Humanos, e a criação da Organização Mundial do Comércio (OMC), entre outras iniciativas.

A Rio-92 foi a menos governamental das grandes conferências governamentais do século XX. Deu um grande espaço às ONGs no Fórum Global, e na própria conferência intergovernamental. Abriu-se à opinião pública. Encarnou uma sensibilidade generalizada no mundo sobre a importância das questões discutidas. Foi um paradigma de "diplomacia aberta".

Para o Brasil, a Rio-92 foi o maior evento internacional que o país tinha organizado até então em sua história. Representou uma grande oportunidade de ação diplomática e uma não menor responsabilidade. Basta lembrar que estiveram representados no Rio de Janeiro mais de 180 países, dezesseis agências especializadas, 35 organizações intergovernamentais, cerca de 1.800 organizações não governamentais e milhares de jornalistas. A cúpula governamental teve a participação de 103 chefes de Estado e de governo, em contraste com os dois que haviam ido a Estocolmo vinte anos antes.

O Brasil esteve à altura da missão que assumiu. O presidente Fernando Collor de Mello teve a liderança e a sensibilidade própria da sua geração em relação ao tema e demonstrou qualificado empenho no reposicionamento da agenda diplomática brasileira nessa matéria. Essa era defensiva, e passou da autonomia pelo distanciamento à autonomia pela participação. Collor deu consequência diplomática a essa visão, como presidente da Conferência, e, em especial, nos numerosíssimos contatos bilaterais com os chefes de Estado e de governo que compareceram ao segmento de cúpula da Conferência.

A preparação das posições brasileiras foi muito bem concebida a partir da criação em 1990 da Comissão Interministerial para a Preparação da Conferência das Nações Unidas sobre Meio Ambiente e Desenvolvimento (CIMA), com ampla participação dos setores governamentais e não governamentais diretamente envolvidos.

A dimensão simbólica de José Lutzenberger, líder ambientalista pioneiro no Brasil na preparação da Conferência e a destacada atuação de José Goldemberg, cientista mundialmente renomado nos temas de energia e meio ambiente, na preparação da Rio-92, ajudaram a dar legitimidade e conteúdo consistente às posições brasileiras.

O Comitê Preparatório da Conferência da ONU foi presidido pelo embaixador Tommy Koh, de Cingapura, diplomata experiente no trato de complexos assuntos multilaterais, que veio a ser, na Rio-92, o presidente do seu comitê principal. O Comitê contou com a eficiente colaboração de um secretariado liderado por Maurice Strong, que dominava o tema do meio ambiente e conhecia o funcionamento da ONU, vindo a ser o secretário-geral da Conferência do Rio.

Permito-me um depoimento pessoal. Assumi o Itamaraty em abril de 1992, sucedendo ao ministro Francisco Rezek, no bojo de uma ampla reformulação ministerial – foi o assim denominado *Ministério dos Notáveis* – poucas semanas antes do início da Conferência. Preocupei-me inicialmente com seus aspectos logísticos, dando respaldo à atuação do Grupo de Trabalho Nacional, que estava incumbido da tarefa no âmbito da qual se destacaram dois quadros do Itamaraty, Carlos Moreira Garcia e Flávio Miragaia Perri. Logrei o indispensável apoio do governador Leonel Brizola e do prefeito do Rio de Janeiro, Marcello Alencar, para as providências práticas tanto da preparação do evento no Riocentro, em Jacarepaguá, quanto do Fórum Global, organizado pelo Fórum Brasileiro de ONGs e do International Facilitating Committee (IFC), que paralelamente ocorreu no parque do Flamengo.

No andamento da Conferência, empenhei-me na busca do indispensável consenso para superar as dificuldades pendentes. Os grandes quadros do Itamaraty foram mobilizados para essa tarefa e participaram com grande competência dos oito grupos negociadores de contato vinculados ao Comitê principal.

Destaco a atuação do embaixador Rubens Ricupero, que levou a bom termo as difíceis negociações dos aspectos financeiros da Agenda 21, e do embaixador Marcos Azambuja, que na Conferência foi o representante especial incumbido da coordenação das posições brasileiras.

Todo o ministério Collor respaldou o trabalho e fez-se presente no Rio de Janeiro, cabendo mencionar a atuação do ministro da Economia, Marcílio Marques Moreira. É de justiça destacar a dedicada colaboração de numerosíssimos quadros do Itamaraty, que no dia a dia da Conferência contribuíram para o seu sucesso não apenas na substância, mas igualmente acompanhando com tato diplomático as muitíssimas delegações que compareceram à Rio-92.

Atuei, para levar a bom termo a Conferência, como seu vice-presidente *ex officio*, como um *tertius* à procura do entendimento, para desatar os nós do indecidido, e em interação permanente, quase diária, com o embaixador Tommy Koh e com Maurice Strong.

Foram, *inter alia*, legados da Conferência do Rio: a Convenção-Quadro das Nações Unidas sobre Mudança do Clima (UNFCCC); a Convenção sobre Diversidade Biológica (CDB); a Declaração de Princípios sobre Florestas; a Declaração do Rio sobre Meio Ambiente e o Desenvolvimento, o principal documento de princípios adotado pela Conferência; e a Agenda 21, uma pauta para o futuro, com cerca de cem programas de ação em quatro seções e quarenta capítulos, documento até então sem precedentes na história das negociações multilaterais.

A Conferência do Rio foi um evento inaugural na vida internacional que veio a ter desdobramentos no correr do tempo. À semelhança da Declaração Universal dos Direitos Humanos (DUDH), de 1948, que traçou os rumos de uma política para o Direito Internacional dos Direitos Humanos, a Rio-92 traçou os rumos do desenvolvimento sustentável.

Em síntese, o meio ambiente, sob a égide heurística do conceito de *desenvolvimento sustentável* consagrado na Rio-92 – que insere os custos da sustentabilidade do meio ambiente nos processos decisórios públicos e privados – é indivisível. Não é equacionável no âmbito territorial das soberanias. É transfronteiras. Afeta a todos. Basta pensar na mudança climática e seus impactos. Significa o ganho conceitual de inserir na pauta internacional uma kantiana razão abrangente da humanidade e o correspondente direito comum à face da terra, proveniente do novo, que resulta da vulnerabilidade da natureza que está mudando, e, no limite, ameaçando as condições da existência humana no planeta.

AIDE-MÉMOIRE 10
Avanços da área de energia

JOSÉ LUIZ ALQUÉRES
(Secretário Nacional de Energia à época)

O governo do presidente Fernando Collor de Mello promoveu uma verdadeira inflexão no trato – pode-se dizer secular – em relação à questão energética no Brasil.

O setor de energia desde os anos 1930 vinha sendo direcionado para ser de responsabilidade praticamente exclusiva de entidades estatais. A configuração do setor do petróleo e petroquímico, por exemplo, era toda concentrada na Petrobras (havia apenas mais duas pequenas refinarias privadas). No setor do carvão, também com duas mineradoras privadas de algum destaque (uma em Santa Catarina e outra no Rio Grande do Sul) e uma estatal no Rio Grande do Sul. Em 1990, o mercado de energia elétrica era 98% atendido por empresas estatais.

Pelo fato da prestação de serviços se apoiar em um modelo empresarial, e não inserido na administração direta, algumas de suas empresas conseguiram manter um certo grau de qualidade na administração, mercê a formação intensa de quadros técnicos, especialmente no período dos governos militares. Assim, Petrobras, Centrais Elétricas Brasileiras S.A. (Eletrobras), Companhia Energética de Minas Gerais S.A. (Cemig), Companhia Paranaense de Energia (Copel), Companhia Paulista de Força e Luz (CPFL), e talvez umas poucas empresas mais, apesar de certo inchaço de pessoal, desenvolveram importantes projetos, sendo dignos de registro a exploração do petróleo sob altíssimas profundidades de lâmina d'água e as grandes usinas hidrelétricas, em especial, Tucuruí e Itaipu.

O panorama na distribuição a consumidores finais, seja dos derivados de petróleo, seja da energia elétrica, todavia já mostrava sinais de total insustentabilidade. A entrada do gás natural era devidamente bloqueada pela Petrobras.

O desprezo por sinais geográficos de preço, com unificação nacional de preços de combustíveis nos postos de abastecimento e das tarifas de eletricidade, havia criado fluxos internos de transferências de recursos entre empresas que resultaram em aumentos de preço, ineficiência e aumento da corrupção. Naturalmente, os custos eram transferidos para os consumidores finais e os benefícios auferidos pelos de sempre: políticos fisiológicos, seus indicados na direção de empresas estatais e as empresas executantes de obras e serviços.

A mudança no Ministério da Infraestrutura em abril de 1992 trouxe com o ministro Pratini de Moraes e seu secretário Marcio Fortes de Almeida, que por impeditivos diversos não puderam elaborar este texto, uma clara orientação liberal da qual benefícios foram logo implementados nos últimos meses, ainda na gestão do presidente Collor, e alguns mais tarde, no governo do presidente Itamar Franco.

Dentre os principais, cumpre-se destacar: a solução de um problema de muitas décadas, que remontava aos chamados Acordos de Roboré entre Brasil e Bolívia, que viabilizavam a aquisição, em caráter de longo prazo, de 32 milhões de m³/dia de gás boliviano, tornando possível a construção do gasoduto Brasil-Bolívia. A negociação final da aquisição desse expressivo volume de gás por companhias estaduais contou com a decisiva articulação entre o secretário Nacional de Energia, o ministro de Infraestrutura e o Ministério de Assuntos Estratégicos, liderado pelo ministro Eliezer Batista. Destaco o importante papel do engenheiro Luiz Carlos Costamilan, vindo da Petrobras, apoiando na época a Secretaria Nacional de Energia.

A Petrobras, sob a presidência de Benedito Moreira e com Arnim Lore, ex-diretor do Banco Central, como seu diretor financeiro, era liderada em assuntos técnicos pelos diretores João Carlos De Luca e Roberto Villa e, nesse período, marcou importantes progressos na exploração do petróleo *offshore* (a qual veio a ser a marca da sua competência especifica – até hoje – em escala mundial). A liberação de preços diferenciados no portal das refinarias eliminou o problema de várias máfias no transporte de petróleo e derivados.

O setor elétrico, que vinha de uma década de preços administrados *para não alimentar índices inflacionários*, talvez tenha sido o que chegou em pior estado e, de certa forma, nele se manteve, pois seus preços caíram na categoria dos administrados. Havia ainda o problema de mais de vinte hidrelétricas iniciadas em épocas de crescimento rápido da demanda, cuja construção se arrastava consumindo recursos que não representavam progresso. Suas empreiteiras e fornecedoras de equipamento pressionavam o governo para não interromper nenhuma obra, o que só veio a se regularizar já no governo Itamar Franco.

Durante os poucos meses que fui titular da Secretaria Nacional de Energia, sob orientação do ministro Pratini de Moraes, conseguimos enormes progressos nessas áreas e, especificamente, na adequação dos orçamentos de expansão setorial às reais necessidades do mercado. Isso veio a se consolidar no setor elétrico já no governo Itamar Franco, quando presidi a Eletrobras e obtivemos um nível tarifário adequado, um programa de obras ajustados, pagamos as dívidas com bancos e fornecedores que estavam em aberto desde o fim do governo José Sarney, licitamos a conclusão por parceiros privados de grandes usinas como, dentre outras, a Serra da Mesa e a Itá. Todos esses projetos preparados ainda no período mais profícuo do *Ministério dos Notáveis*, liderado pelo ministro Marcílio Marques Moreira.

AIDE-MÉMOIRE 11
A política externa do governo Collor

CELSO LAFER
(Ministro das Relações Exteriores à época)

A política externa do governo Fernando Collor de Mello caracterizou-se por um empenho no reposicionamento da inserção internacional do Brasil. Esse reposicionamento foi inspirado e motivado pelas transformações no plano interno trazidas pela redemocratização do país, corporificadas na Constituição de 1988 – que se traduziram numa abertura em relação à sociedade civil e às organizações não governamentais. Ele também foi influenciado pelas substantivas modificações do funcionamento da ordem mundial provenientes do fim da Guerra Fria e do término da polaridade Leste-Oeste, que configurou a vida internacional no período que se seguiu à Segunda Guerra Mundial. A *vis directiva* da orientação presidencial, a quem cabe constitucionalmente a condução da política externa, exprimiu-se com clareza, desde o primeiro momento, no seu discurso de posse perante o Congresso Nacional, em 15 de março de 1990, desdobrando-se nas abrangentes considerações dos seus dois discursos de abertura dos debates da Assembleia Geral da ONU, proferidos, respectivamente, em 24 de setembro de 1990 e 23 de setembro de 1991.

A execução de sua *vis directiva* – um Brasil aberto ao mundo – contou com a minha colaboração e a de Francisco Rezek, ambos ministros das Relações Exteriores de sua gestão; do seu ministério, em especial do ministro da Economia Marcílio Marques Moreira, especificamente em temas como a negociação da dívida externa, a qual contou com a atuação de Pedro Malan nas privatizações e na definição de uma agenda positiva com os Estados Unidos; e do ministro José Goldemberg na área das negociações ambientais, e de seus qualificados assessores diplomáticos, com destaque para o embaixador Gelson Fonseca Jr.

No campo dos valores, isso se concretizou: (i) na importância atribuída à democracia (de que são exemplos a crítica tanto ao *autogolpe* de Alberto Fujimori no Peru quanto à tentativa de golpe na Venezuela contra o presidente Carlos Andrés Pérez conduzido por Hugo Chávez); (ii) no depósito dos instrumentos de adesão – fruto também do diálogo com as ONGs – aos Pactos Internacionais da ONU de Direitos Civis e Políticos e dos Direitos Econômicos Sociais e Culturais, em 1966, e da Carta de Adesão à Convenção Americana sobre Direitos Humanos de 1969, além do endosso às medidas que estavam pondo fim ao *apartheid* na África do Sul; e (iii) do decidido respaldo à cooperação internacional em matéria ambiental e de desenvolvimento sustentável, articulado com sucesso diplomático na Conferência das Nações Unidas sobre Meio Ambiente e o Desenvolvimento (Rio-92), sediada no Rio de Janeiro de 3 a 14 de junho de 1992.

No campo estratégico, cabe mencionar em primeiro lugar a renúncia brasileira a testes nucleares exposta por Collor no discurso proferido na ONU em 1990. Seguiu-se a ela a Declaração sobre Política Nuclear Comum entre Brasil e Argentina, que criou um sistema compartilhado de contabilidade e controle de materiais nucleares que levou à Agência Brasileiro-Argentina de Contabilidade e Controle de Materiais Nucleares (ABACC) e ao Acordo Quadripartite para a aplicação de salvaguardas nucleares entre Brasil, Argentina, a ABACC e a Agência Internacional de Energia Atômica (AIEA), sinalização do comprometimento brasileiro com a não proliferação nuclear, que também se expressou nas propostas de revisão do Tratado de Tlatelolco. Cabe igualmente mencionar o Compromisso de Mendoza celebrado pela Argentina, Brasil e Chile renunciando ao uso, produção, aquisição ou transferência de armas químicas e biológicas.

No campo da paz e da segurança, a posição brasileira foi a de respeito às resoluções do Conselho de Segurança sobre a crise no golfo Pérsico. As resoluções respaldaram multilateralmente a operação e consequente vitória da coalizão multinacional liderada pelos Estados Unidos contra o Iraque, que se viu forçado a retirar-se do Kuwait, que ele tinha anexado militarmente. O Brasil, preocupado com o conflito Israel-Palestina, apoiou as iniciativas da Conferência de Paz para o Oriente Médio de Madri e, no bojo das tratativas para viabilizá-la, endossou a resolução da Assembleia Geral da ONU, que revogou a de 1975, a qual tinha considerado, com o voto do Brasil, o sionismo como uma forma de racismo.

No campo econômico, o governo Collor equacionou a questão da propriedade intelectual que ainda dificultava o relacionamento comercial com os Estados Unidos. A abertura econômica do país para o mundo foi sinalizada com a redução das tarifas médias de importação. Na lógica da inserção competitiva do Brasil no mercado do comércio internacional, o governo intensificou o seu empenho nas negociações multilaterais da Rodada Uruguai do Acordo Geral sobre Tarifas e Comércio (GATT), embora estas, em 1990, não se apresentavam promissoras em razão de impasses na área agrícola.

No campo da integração econômica regional, o governo Collor deu nova dimensão à aproximação cooperativa com a Argentina que já vinha sendo trabalhada na segunda metade da década de 1980. Daí o Tratado de Assunção, celebrado em 1991 entre a Argentina, o Brasil, o Paraguai e o Uruguai, voltado para a criação do Mercado Comum do Sul, o chamado Mercosul.

O Mercosul foi concebido como uma plataforma de inserção competitiva dos seus integrantes num mundo que simultaneamente se regionalizava e se globalizava, e que se beneficiaria, por meio de uma união aduaneira, das sinergias provenientes da conectividade econômica da vizinhança. Tinha como marco de referência os valores dos processos da redemocratização dos seus integrantes e seria um caminho para o desenvolvimento com justiça social.

No âmbito da América do Sul, muitas iniciativas foram tomadas para fazer das fronteiras, fronteiras de cooperação e não de separação. Exemplifico com a *ideia a realizar* prevista no acordo de gás natural com a Bolívia, voltada para a diversificação da matriz energética brasileira, ao contemplar a construção do gasoduto e a compra de gás boliviano.

Foram delineados pontos significativos do mapa do território da política externa do governo Collor, que são expressivos do reposicionamento da inserção internacional que empreendeu. Cabe dizer que a proposta de modernização da política externa brasileira de Collor estava em consonância com o seu projeto de política interna, tendo adquirido consistência adicional no momento em que Marcílio Marques Moreira assumiu o Ministério da Economia e renovada densidade política com o *Ministério dos Notáveis*.

Os percalços da crise do governo Collor, e o seu término em 1992, interromperam a sua ação voltada para um significativo reposicionamento da política externa brasileira, mas não a importância no tempo das *ideias-força* de suas propostas que, com diferentes matizes e ênfases, e em distintas circunstâncias, tiveram ressonância e influência em anos subsequentes na diplomacia do país.

AIDE-MÉMOIRE 12
Nota sobre a política econômica e a inflação

ROBERTO MACEDO

(Secretário Especial de Política Econômica à época)

Noutro ponto deste livro, escrevi sobre avanços na legislação econômica que tiveram atuação da Secretaria Especial de Política Econômica (Sepe), do Ministério da Economia, Fazenda e Planejamento (MEFP), da qual fui titular durante a gestão de Marcílio Marques Moreira nesse ministério.

Esta nota é voltada para um aspecto importante da política econômica daquela gestão. Vários de seus aspectos foram abordados neste livro. Foco aqui na inflação, cujo combate era um objetivo primordial em face da gravidade do processo inflacionário que ainda se manifestava no início dos anos 1990.

Por convicção e pelo fracasso de vários planos anteriores que procuraram combater a inflação congelando preços, inclusive o próprio Plano Collor, este também com um abrangente bloqueio de depósitos bancários, a equipe econômica era contrária a medidas como essas. A opção foi por liberar o mais rapidamente possível o dinheiro bloqueado e os preços em geral, e conduzir uma política econômica adequada às circunstâncias.

Com essa combinação de preços livres e de uma forte injeção de liquidez decorrente do desbloqueio de depósitos bancários, o risco de um retorno muito forte da inflação era alto. Procuramos convencer os agentes econômicos quanto à natureza da política econômica adotada, entendendo que a confiança nela e na equipe seriam fundamentais para que medidas monetárias, fiscais e outras tivessem bons resultados. Entre elas, existia a lei de política salarial, abordada nos avanços legislativos a que me referi acima.

Tudo indica que, infelizmente, no caso da inflação, bons resultados foram conseguidos por um período muito limitado, ressaltado pela elipse colocada no Gráfico a seguir, que mostra a evolução de dois índices de preços, o IGP-DI e o IPC-FIPE, como indicadores da inflação em andamento no período que vai de maio de 1991 até junho de 1994.

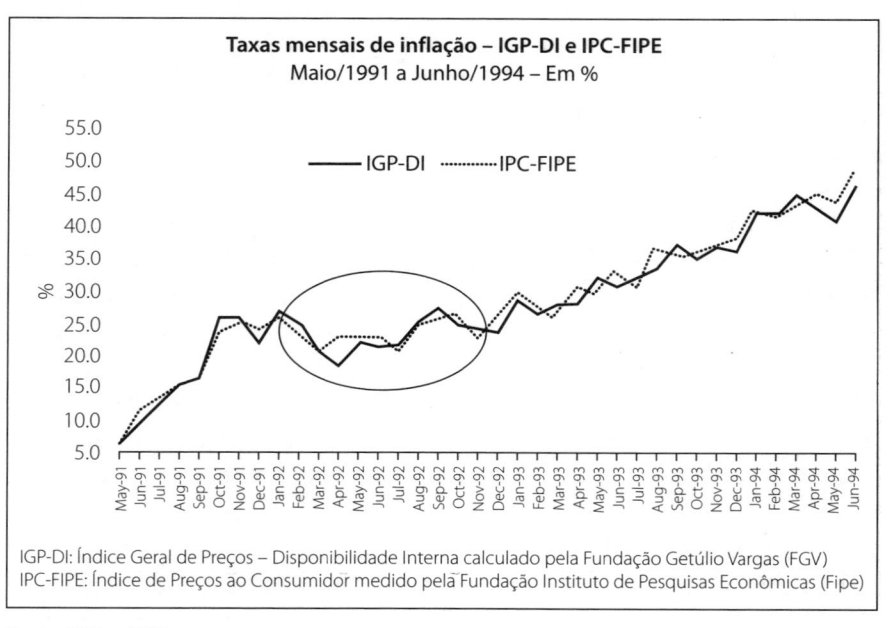

Taxas mensais de inflação – IGP-DI e IPC-FIPE
Maio/1991 a Junho/1994 – Em %

IGP-DI: Índice Geral de Preços – Disponibilidade Interna calculado pela Fundação Getúlio Vargas (FGV)
IPC-FIPE: Índice de Preços ao Consumidor medido pela Fundação Instituto de Pesquisas Econômicas (Fipe)

Fonte: IPEA e FIPE

No período destacado, note-se que, liberados os preços, a inflação subiu entre maio de 1991 até janeiro de 1992, quando chegou a 25% no mês. A partir de então, ela mostrou um movimento de queda, em poucos meses se estabilizando mais próxima de 20% ao mês, e em seguida, voltando a subir. Arrefeceu também um pouco com a chegada de Itamar Franco ao governo, em outubro de 1992, mas logo retomou sua tendência de aumento rumo a taxas próximas de 50%, em junho de 1994, o mês que antecedeu a adoção do Plano Real.

Entendo que o citado movimento de queda pode ser entendido como resultante da política econômica adotada e do fortalecimento da confiança na equipe econômica. Mas, em meados de 1992, começaram a se formar as nuvens do furacão político que levou ao impeachment do presidente Fernando Collor de Mello.

Assim, em entrevista à revista *Veja* em 13 de maio de 1992, seu irmão, Pedro Collor, acusou PC Farias de ser *testa de ferro* do presidente. Em junho, o

Congresso instalou uma Comissão para apurar os negócios de Farias no governo. Em julho, um motorista de Collor, Eriberto França, compareceu ao Congresso dizendo que houve depósitos de Farias para a secretária do presidente. No mesmo mês, França declarou à *IstoÉ* que Farias também pagava contas de Collor na Casa da Dinda.

Como o jurista Tércio Sampaio Ferraz Junior comenta, o episódio da criação da CPMI decorre do Relatório de autoria do senador Amir Lando pois, inicialmente, o papel da Comissão era apurar fatos contidos nas denúncias do sr. Pedro Collor de Mello referentes às atividades do sr. Paulo César Cavalcante Farias. Mas, como diz o Relatório, a ampliação do universo das investigações – que, de modo incontornável, levou a direções inesperadas e, até mesmo insuponíveis de início, acabando por envolver nelas outras pessoas, entre as quais a do sr. presidente da República Fernando Collor de Mello – deveu-se exclusivamente às ocorrências incidentais de tais investigações. Foram as referências feitas nos depoimentos colhidos que obrigaram a Comissão a dirigir as investigações para rumos antes sequer imaginados. Ou seja, começou estritamente investigando Paulo Farias, mas acabou denunciando também o presidente: "Ficou evidente que o sr. presidente da República, de forma permanente e ao longo de dois anos de mandato, recebeu vantagens econômicas indevidas.", como cita o Relatório. Além disso, ele o denuncia por omissão de seu dever de zelar pela moralidade pública e impedir desmandos.

A partir desses acontecimentos, o processo de impeachment ganhou força e, dentro do governo, a equipe econômica foi se convencendo de que Collor deixaria o cargo. Ficamos nos cargos *segurando as pontas*, em particular para evitar que o processo e seu desenlace contaminassem os mercados, o que foi conseguido. A propósito desse período, lembro-me da observação de um colega de equipe, a de que nos mantivemos parados na direção correta, num quê de quixotesco que também dá sustentação ao título deste livro.

7.
Reflexões sobre o meu período no Ministério

Passou-se um quarto de século daquela que foi uma riquíssima experiência em minha vida pública e profissional. É tempo de assentar reflexões e encadeá-las no contexto histórico.

Em abril de 1981, dez anos antes de assumir o Ministério da Economia, Fazenda e Planejamento (MEFP), frisei, em número da revista *Tempo Brasileiro* dedicado ao discurso liberal, que, "paradoxalmente, é estreita a porta que conduz à sociedade aberta. Tem de ser trilhada com um misto de decisão e humildade, de convicção e sadio ceticismo, de coragem e prudência".

O liberalismo, seja político, econômico ou cultural, é "antes caminho a trilhar do que ponto a chegar". E foi com tal convicção que me propus a desempenhar a instigante tarefa de pilotar uma nave em mar revolto. Em um instante turbulento, aceitei o convite do presidente Fernando Collor de Mello para assumir a pasta da Economia que reunia o que hoje corresponde a três ministérios: Fazenda, Planejamento, Desenvolvimento e Gestão e, finalmente, Indústria, Comércio Exterior e Serviços, o que não é pouco. A fusão entre os três, em compensação, permitiu a mim e à minha equipe coordenarmos arrecadação e gasto, demandas urgentes, indústria e comércio nas dimensões interna e externa, sempre com visão de longo prazo.

Vale lembrar que o mesmo volume de 1981, iniciado com um artigo meu sobre o liberalismo, reuniu também amigos como José Guilherme Merquior, que redigiria o cerne do discurso de posse do presidente Collor, de exaltação ao social-liberalismo, e Sérgio Paulo Rouanet, que viria a ser companheiro leal e competente no gabinete de Collor. Ele fora meu colega na School of Government da Universidade de Georgetown no Curso de Mestrado em Ciência Política. Estudamos de Platão a Aristóteles, passando por Maquiavel, para chegar a Max Weber e Hannah Arendt. Em 10 de maio de 1991, ao assumir o cargo de ministro, infelizmente eu já havia me despedido de Merquior cinco meses antes, falecido em um hospital de Nova York em janeiro daquele ano.

Minhas conversas com Merquior e Rouanet sobre formas de governo e liberalismo começaram pouco após minha volta ao Rio de Janeiro, em 1963. Merquior, já eleito orador da turma, e alguns de seus colegas no Instituto Rio Branco, me procuraram para solicitar que marcasse um encontro com Francisco Clementino de San Tiago Dantas com o intuito de convidá-lo a paraninfar a turma. San Tiago de pronto os chamou para um almoço no Bife de Ouro, célebre restaurante do hotel Copacabana Palace, no Rio de Janeiro. Um dos colegas, que veio a ser ministro das Relações Exteriores no governo Fernando Henrique Cardoso, Luiz Felipe Lampreia, conta em seu livro de memórias *Brasil e os ventos do mundo: memórias de cinco décadas na cena internacional*, que o almoço, do qual também participei, acabou se transformando em uma autêntica aula dada por San Tiago sobre o cenário das relações internacionais do Brasil, sendo sucedido por um igualmente inspirado debate sobre o tema.

Esse diálogo de alto nível, que surgiu, portanto, sob a inspiração comum de San Tiago, repetir-se-ia na própria formatura com discursos magistrais de San Tiago e Merquior. Alguns anos depois, Celso Lafer perguntou a meu respeito a nosso amigo comum José Gregori, que havia sido meu colega no gabinete de San Tiago na Fazenda, em 1963. Ele fora aluno de Hanna Arendt na Universidade Cornell e eu a citara em vários artigos. Assim, ao nosso círculo de amigos, então se juntou Lafer. Algum tempo depois eu, Merquior, Lafer e Rouanet demos uma entrevista conjunta sobre liberalismo político e econômico, se não me engano, à revista *IstoÉ*. Seguiram-se muitos encontros em Londres, onde Merquior concluiu seu doutorado na London School of Economics e construiu férteis relações intelectuais com alguns dos expoentes mundiais do liberalismo, como Ernest Gellner e Leszek Kołakowski. Reunimo-nos também em Paris e Brasília. Essa longa amizade e convívio intelectual explicam o porquê de, no número de 1981 da revista *Tempo Brasileiro*, Merquior me ter dedicado seu artigo sobre liberalismo.

Naquele volume coletivo sobre o discurso liberal, eu comentava que "a política é um subsistema pelo qual a sociedade se engaja na consecução dos objetivos a que se propõe". A primeira tarefa de qualquer governo, inclusive, é claro, de um governo liberal, é *governar*, palavra que provem do grego *kybernetes,* leme com o qual cabe ao piloto imprimir direção ao navio, mantê-lo na rota escolhida, levá-lo a bom porto. E a busca do porto seguro a que se quer chegar coincide com o que Maurice Hauriou considerava um pressuposto necessário para o êxito de qualquer política pública ou privada – "a ideia da obra a realizar" –, fio condutor que "exprime ao mesmo tempo o objetivo a alcançar e os meios a empregar para atingi-lo".

Importantes ícones da ciência política me haviam convencido que mais importante do que a distinção entre monarquia, presidencialismo ou parlamentarismo é a distinção entre governos que governam e os que não governam.

Três anos após minha participação naquele *Discurso Liberal*, voltei ao tema com a "Confissão Liberal", discurso de posse no PEN Clube em maio de 1984. Lembrei-me então de velho professor em Georgetown que, quando já preso à cadeira de rodas, ensinava que "as nações tendem a ser castigadas naqueles valores a que atribuem prioridade descabida".

Quando da posse de Collor, em março de 1990, estávamos há apenas uma gestão presidencial de um longo período autoritário. Nele, o desenvolvimento econômico passara a merecer tal prioridade que o transformou em fator de legitimação institucional, como me referira no discurso do PEN Clube seis anos antes. Ironicamente, quando os motores que aqueceram o desenvolvimento começaram a emitir sinais de fadiga e exaustão, a consequente queda no crescimento, o aumento da inflação e o abalo nas contas externas passaram a operar como fator de deslegitimação. Isso apressou o fim do regime que havia atribuído prioridade descabida ao crescimento, considerado um autêntico "milagre econômico".

Eu advertia então que, ao destronamento do desenvolvimento econômico como prioridade, não se seguiu esforço, quer do governo, quer da cidadania "para sua substituição por outro valor, o que deixou, no seu rastro, profundo vazio ético... sem ter dado tempo a que nova escala de valores pudesse sedimentar-se".

Ao continuar minha reflexão sobre o clima de incerteza que perdurou até os idos de 1991, quando fomos chamados a procurar amenizar a turbulência reinante, crescimento negativo, inflação renitente e crise cambial acentuada, lembrei-me que, já em 1984, eu havia expressado profunda apreensão com tal ambiente:

> Mas, o que mais preocupa é o vácuo moral em que se desenvolvem esses processos – entre eles, o risco de esgarçamento do tecido social – e a disponibilidade ideológica, a falta de padrões de comportamento e a escassez de ideais norteadores concebidos com nitidez e compartilhados com naturalidade.

O desafio que nos cabia enfrentar em 1991 não era, portanto, novo, embora fosse de dimensão difícil até de mensurar, dadas sua complexidade e magnitude.

Desde o início de minha missão, procurei colocar em prática as lições que havia aprendido, quer através de estudo, experiência, ou exemplo: era imperioso escolher bem a equipe capaz de lastrear os próprios esforços na busca do bem comum e trilhar claro fio condutor, como expresso no discurso de posse do presidente Collor:

> (...) a modernização econômica pela privatização e abertura [ao mundo] como esperança de completar a liberdade política, reconquistada com a transição democrática, com a implantação da mais ampla e efetiva liberdade econômica.

A esses objetivos de médio prazo, somavam-se os de curto prazo: derrotar ou, ao menos conter a inflação resiliente, recuperar o crescimento em meio a uma recessão acentuada, reencaminhar o pagamento dos cruzados novos retidos e lidar com a crescente dívida externa.

Para isso, desde o primeiro momento, impunha-se à nova equipe reconquistar a credibilidade e a confiança perdidas nos meios político, empresarial, tanto doméstico quanto externo, e perante a população, objeto último dos esforços a empreender. Confiança no processo econômico é de fato a pedra angular que permite que o processo não engasgue. A fim de atingir esse objetivo, era também imperioso assegurar e perseverar na busca da melhor qualidade de governança que fosse possível alcançar.

Abro um parêntesis nestas reflexões para comentar que, em nenhum momento ao longo de todo o trajeto nos afastamos um milímetro sequer da imposição a que nos submetêramos de austeridade no trato da coisa e dos recursos públicos. As charges que ilustram este livro dão bem uma ideia de tal postura. Sempre fui retratado como sentado na boca do cofre e outras sugestões semelhantes. No início de agosto de 1992, auge da CPMI que provocaria o impeachment, ocorreu um movimento no Congresso e em entidades empresariais para um afrouxamento dos ditames de nossa política econômica. Visava-se obter apoios parlamentares no troca-troca perene de interesses que, até a atualidade, tanto prejudica o Brasil. O episódio está muito bem analisado por Brasilio Sallum Jr. em seu livro *O impeachment de Fernando Collor: sociologia de uma crise*:

> (...) O presidente perdera muito de sua capacidade de manipular símbolos políticos. Competência, previsibilidade e modernidade – estas eram as marcas simbólicas do ministro Marcílio – foram associadas pela imprensa, agora, à ética, com que foi revestida a ortodoxia que o fazia resistir ao assalto aos cofres públicos e acabaram deixando de ser apenas parte do marketing com que o presidente Collor vestiu a reforma ministerial de abril (...)

Voltemos então ao cerne da questão. Não cabe a este posfácio tentar repetir ou resumir o texto deste livro tecido por tantas mãos, ou melhor, cabeças competentes. Não me parece também apropriado tentar reconstruir, a partir da realidade de hoje, o que se passou há 25 anos. Procurarei, portanto, refletir sobre o desenrolar dos acontecimentos e, sobretudo, das políticas então adotadas. O cerne de tais comentários será o conteúdo de minha carta de demissão, entregue em 29 de setembro de 1992, data em que a Câmara votou o afastamento temporário de Collor, que seria confirmado três meses depois no Senado, presidido pelo presidente do Supremo Tribunal Federal (STF).

Iniciei-a remetendo ao entusiasmo que me animou ao tomar posse, de colaborar "na implementação do projeto de modernização do presidente" que as urnas haviam consagrado. Era um projeto, dizia eu, "inspirado nos ideais do social-liberalismo", tendo "como objetivo a construção de uma moderna economia social de mercado, inserida no mundo de forma competitiva e soberana, calcada em base sólida de estabilidade econômica e financeira, capaz de resgatar a poupança, elevar o investimento e a produtividade e, com investimento e produtividade assim acrescidos, lastrear nova era de desenvolvimento justo e sustentado".

Chamava em seguida a atenção para que "só um Estado com a saúde fiscal restaurada poderá prover seus cidadãos com os serviços que merecem: saúde, educação, saneamento, habitação, transporte, infraestrutura e segurança".

San Tiago Dantas, em sua luminosa reflexão sobre o *Quixote*, arguia que o sentido de um fato histórico "é sempre o estado atual de um laborioso e permanente esforço de trocas entre ele e o espírito que o considera".

Esse certeiro ensinamento não me permite, portanto, deixar de lamentar o quanto aquelas minhas considerações de fins de 1992 (há 25 anos, volto a lembrar) continuam atuais. Nelas estão descritos desafios prementes, mas inconclusos até hoje. Veja-se o colar de fracassos sucessivos, as tentativas de enfrentar gritantes injustiças e a bola de neve de déficits acumulados de nosso sistema previdenciário, que mais se parece a um não sistema e, mais ainda, falido.

Ao assumir, continuava eu, "havia que restaurar o crédito público, a previsibilidade das regras do jogo, a vitória do senso comum sobre o experimentalismo pirotécnico, da ética tributária sobre a sonegação deslavada, da austeridade fiscal sobre a complacência quase secular com a inflação e com o endividamento excessivo. Havia ainda que restabelecer-se a credibilidade das palavras do ministro da Economia".

Passei então a descrever em minha carta de demissão os avanços alcançados nos quase dezessete meses de esforços para reinventar uma economia politraumatizada:

> As reservas internacionais estão em nível sem precedentes, que equivalem a doze meses de importações. Os estoques de alimentos essenciais à mesa do brasileiro – arroz, feijão, milho, carne e leite – elevam-se a mais de 14 milhões de toneladas, o que assegura entressafra sem sobressaltos. O Tesouro

vem gerando superávits mensais de caixa, sem nenhuma interrupção, e o de setembro mais uma vez deve situar-se acima de Cr$ 1 trilhão. A expansão monetária continua a desenvolver-se abaixo da inflação (...)
Cruzados novos em valor superior a US$ 24 bilhões – cerca de 6% do PIB – foram devolvidos a seus legítimos detentores, sem explosão de consumo e da inflação. Todos os preços privados foram liberados... os preços públicos atualizados e o câmbio colocado em nível realista que estimula exportações geradoras de empregos, inibe importações desnecessárias e garante saldos comerciais tranquilizadores.
Entrementes, foi possível avançar na normalização de nossas relações financeiras externas com o FMI, o Clube de Paris e, mais recentemente, com os bancos comerciais credores, normalização essa que, ao resgatar nossa credibilidade, permitiu um ingresso de capitais no país estimado em US$ 21 bilhões, reforçando substancialmente nossas reservas, que se aproximavam da exaustão em meados de 1991.

Nos últimos meses após a eclosão da crise política que engolfava o país, continuei comentando:

(...) a inflação não explodiu, o desânimo não prevaleceu, os mercados financeiros, de valores mobiliários e de mercadorias vem mostrando maturidade insuspeitada. Os resultados obtidos não foram revertidos, o rumo da política econômica não perdeu sua direção e as reformas modernizantes – redesenho do Estado balofo, desregulamentação, liberalização comercial, privatização, busca de produtividade e qualidade – não foram paralisadas.

Com a consciência tranquila, pude então agradecer a contínua confiança do presidente Collor no meu trabalho e no de minha valorosa e competente equipe e deixei registrado que "durante todo o período de apuração dos fatos, da coleta dos documentos e da investigação das circunstâncias", o presidente sempre me orientou "no sentido de conduzir o processo com a maior transparência, lisura e imparcialidade".

Ao terminar minha carta de demissão, expressei a esperança que qualquer que fosse a decisão tomada mais tarde naquele dia 29 de setembro:

(...) o país desarme os seus espíritos e, acima de paixões irracionais e interesses especiais (...) retome o caminho da modernidade, da busca do bem comum, do crescimento sustentável, da justiça social concreta, da eficiência econômica, da contemporaneidade com o mundo que se transforma a cada dia e da liberdade política consentânea com a responsabilidade da boa gestão da coisa pública.

Hoje, relendo-a, pouco teria a acrescentar às considerações de minha carta. Ela continha informações, dados relevantes e reflexões pertinentes àquela jornada perseverante voltada a enfrentar desafios de curto prazo e plantar sementes que pudessem desabrochar no decorrer do tempo, obedecendo a uma visão coerente de ética do futuro. Ao concluir este esforço coletivo de relembrar os passos mais relevantes daquela jornada e de identificar rumo fértil a seguir, não posso deixar de agradecer a todos que colaboraram decisivamente para esse esforço de recordar o passado. Incluo também o entusiasmado grupo responsável pela editora, que nos convenceu da valia de deixar registrados, com a máxima fidelidade possível, os eventos, esforços, desafios e circunstâncias daquele tempo, complementando as informações dos que já se haviam esforçado em registrar o período. Pareceu a todos relevante corrigir as narrativas que se concentraram apenas nos aspectos negativos da época e deixar um legado do que consideramos mais importante destacar. Entre outras, a lição que as relações entre política e economia são extremamente complexas, fugindo a qualquer simplismo de mera causa e efeito ou de explicação que sustente que sempre a política condiciona decisivamente a economia ou que esta seja *conditio sine qua non* de uma política coerente e eficaz.

A economia, se conduzida pelo único interesse em servir ao bem comum pode, sim, descolar-se das eventuais turbulências do mundo político. Caso contrário, pode por ela ser contaminada ao sujeitar-se colocá-la a serviço de propósitos outros que a governança responsável da *res publica*. Foi a primeira alternativa que eu e meus leais colaboradores do MEFP e de ministérios com tarefas distintas, mas propósitos convergentes, escolhemos, e que nos permite, passados 25 anos, revisitar aquele período com ânimo sereno e certeza do dever cumprido.

Caderno de charges

Aliedo | Aroeira | Chico Caruso | Cláudio Duarte
Erthal | Lan | LLorini | Maringoni | Novaes

E transmito o cargo e o abacaxi ao meu sucessor...

A grande estratégia: corrigir distorções, recompor instituições, governar com os bons.

E enfrentando as críticas: "Marcílio em reunião com o dragão da inflação, o leão da Receita e o pinguim do congelamento."

Liberando os preços... o primeiro impacto é mal-percebido.

As políticas de Marcílio não são, a princípio, uma unanimidade no ministério.

A fera desafia o domador!

Novaes Gazeta Mercantil 27/8/91

— Precisamos de uma base de 240 deputados.
— Então precisamos de 240 ministérios...

As coisas eram (?) assim...

E os problemas de hoje (2017) não são diferentes...

Chico Caruso O Globo 13/4/92

A equipe passa a tocar mais afinada a partir do início de 1992.

Embora defender o caixa seja a preocupação para garantir
a credibilidade e capacidade de pagamento.

A política de Marcílio se afirma!

Lan O Estado de S.Paulo 23/4/92

Chico Caruso O Globo 11/7/92

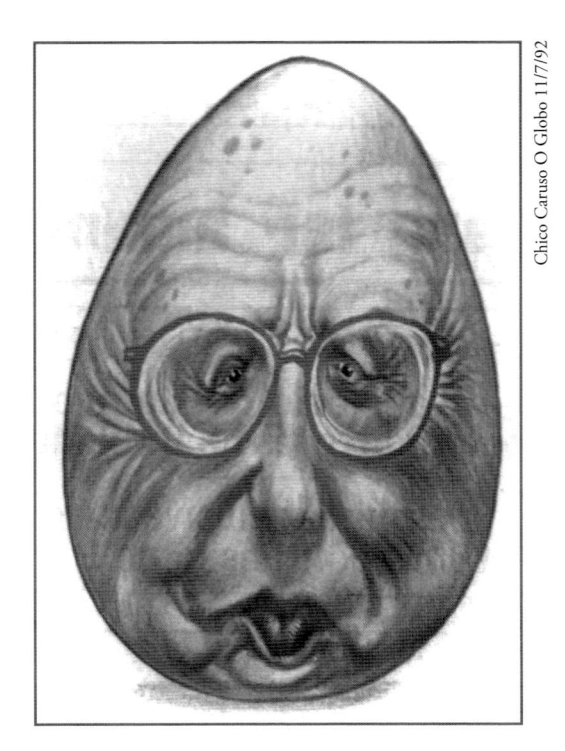

E Collor-Marcílio botam o ovo em pé!

A queda da inflação vai marcando a consciência da política adotada.

Autor não identificado O Estado de S.Paulo 11/8/92

Convencer o Congresso não é fácil. Há um impeachment em curso!

Com todas as dificuldades... a reconquista da credibilidade internacional e a "batata quente assando no Congresso".

Erthal O Globo 15/7/92

Com isso, Marcílio passa a ser o fiador da estabilidade...

Teste de popularidade

Cláudio Duarte

Globo 7/9/92

Depois de ter tomado seu chá no Shopping da Gávea, sábado, onde foi várias vezes aclamado pelo público, o ministro Marcílio encontrou-se com o professor Candido Mendes de Almeida, que o saudou com entusiasmo:

— Só mesmo no Brasil é que se encontra o **condottiere** da República numa livraria.

Ministro Marcílio

E o público reconhece... Vinte dias depois, Collor renuncia.

Ética e Economia
Marcílio Marques Moreira

R EFLEXÃO SOBRE O TEMA A QUE ME PROPONHO, POR COINCIDIR COM o momento em que estamos superando a grave crise que havia levado a economia mundial à beira da depressão, exige partir de uma visão de futuro pós-crise, pós-Copenhague, pós-Lula. Terá de ser contemporânea aos instigantes desafios da sociedade do conhecimento, da economia globalizada, das relações sociais estruturadas em rede, da empresa matricial, da consciência ecológica, da transição ao baixo carbono, da eficiência energética, da busca da efetiva justiça social, em nível global e local. Ter-se-ão de imaginar cenários possíveis, olhando o horizonte com farol de milha, não pelo espelho retrovisor. E esse olhar em direção ao amanhã há que repelir os tristes retrocessos que se valem de ideias anacrônicas, estruturas anquilosadas e conceitos ultrapassados, que pré--datam a queda do Muro de Berlim, se não remontam aos nostálgicos anos 1960.

Foi nesse veio que o Fórum Econômico Mundial de Davos, em janeiro de 2009, deixou de focar o tema de *como superar a crise*, para optar pelo título *Plasmando o Mundo Pós-crise*. Refletiu preocupação com os rumos do amanhã, não apenas com o dia a dia dos problemas de curto prazo. Ao fazê-lo, deu especial atenção à *crise de valores* aguçada pelo momento em que a *sociedade secular* já vinha sendo assediada por duras críticas de ideologias fundamentalistas, razão pela qual, "os aspectos morais da conduta de negócios nunca foram objeto de tanta dúvida, os temas éticos nunca foram tão importantes.[1]

Para Luigi Zingales, por sua vez, "a natureza da crise e a resposta do governo ameaçam agora minar o sentimento público de equidade, justiça e legitimidade do capitalismo democrático".[2]

A dúvida e a desconfiança generalizada quanto aos valores inerentes à economia de mercado são resposta natural à irresponsabilidade e ganância dos agentes de mercado que, embriagados por autoconfiança excessiva, ignoraram riscos, afastaram prudência, esqueceram valores éticos, deixaram-se seduzir pela perspectiva de lucros rápidos através de operações financeiras tão sofisticadas quanto opacas. Renderam-se à tentação própria de momentos de prosperidade e liquidez abundante. Riscos prosperam em tempos de euforia, e com mais vigor quando à soberba se junta a falta de escrúpulos. Os custos decorrentes começam a ser cobrados quando da virada dos ventos, atingindo intensidade máxima no auge das crises que se seguem.

Em recente estudo, Fareed Zakaria comenta que, apesar de o processo precedente à recessão global não poder ser descrito como "uma comédia de costumes", não há como negar que "estamos sofrendo uma crise moral, e que talvez isto constitua o cerne de nossos problemas". Zakaria prossegue dizendo que, muito embora a maioria das inovações financeiras e iniciativas de mercado tenham, provavelmente, sido de natureza legal, "poucas pessoas agiram com responsabilidade, honradez e nobreza". E conclui:

> Nenhum sistema – capitalismo, socialismo ou qualquer outro – pode operar sem um sentido de ética e valores em seu cerne. Sejam quais forem as reformas que implementarmos, elas se revelarão inadequadas se faltar bom senso, juízo e padrão ético.[3]

A crise global impôs também ao Brasil sérias perdas, concentradas no último trimestre de 2008 e no primeiro de 2009. Mais graves do que esses

---

[1] Price Waterhouse Coopers, *Shaping the Post-Crisis World – Briefing Material*, World Economic Forum Annual Meeting, 2009.

[2] Luigi Zingales, "Capitalism after the Crisis", *National Affairs*, issue n°1, Fall 2009, p. 22. A sua observação, embora focada nos Estados Unidos, tem validade mais ampla.

[3] Fareed Zakaria, "Zakaria: A Capitalist Manifesto", *Newsweek*, 12 jun 2009.

prejuízos, abrandados que foram nos trimestres seguintes pela combinação dos avanços institucionais nos últimos 25 anos com medidas contracíclicas, é sua coincidência com alarmante esgarçamento do tecido moral da sociedade. Recente comentário de Lya Luft resume o quadro: "Como de um lado nos tornamos mais abertamente corruptos e de outro estamos mais condescendentes, instalou-se entre nós uma epidemia moral."[4]

É ingênuo pensar que crise moral e simultâneo deslumbramento hoje vivenciados entre nós, tanto na esfera privada quanto na pública, não acabem corroendo o processo econômico, social e político, ao preferir mitos à realidade e afastar do debate público temas relevantes. E constituem solo fértil para insidiosas sementes – falta de confiança nas instituições e cinismo generalizado. A crise chegou a acender a expectativa de que poderia servir de oportunidade para um esforço sério de reflexão de pensar e repensar rumos e valores.[5] Mas o quadro que temos testemunhado nos últimos meses não corroborou a esperança. Estaremos condenados, inermes, à desesperança e ao conformismo?

A situação nos recorda a perplexidade de Amartya Sen face ao contraste entre caráter "não ético da economia moderna e sua evolução histórica como um ramo da ética".[6] Ele lembra que o termo economia nasceu em Aristóteles ligado à ética, tanto em sua *Política*[7] quanto na *Ética a Nicômaco*. Nesta, Aristóteles ensina que: "A vida do fazer-dinheiro é uma forma restrita de vida, e claramente a riqueza não é o Bem que estamos buscando, pois ela só é boa enquanto útil, um meio para algo diferente".[8] Sen lembra também que, muito antes de se concentrar em temas econômicos, Adam

---

4   Lya Luft, "A outra epidemia", *Veja*, edição 2.121, ano 42, n° 8, 15 jul 2009, p. 22.
5   Lya Luft, "Crise – a dimensão humana", in João Paulo dos Reis Velloso, *A crise global e o novo papel mundial dos BRICS*, Rio de Janeiro: José Olympio, 2009, p. 15.
6   Amartya Sen, *Sobre ética e economia*, Laura Teixeira Motta (trad.), São Paulo: Companhia das Letras, 1999, p. 18.
7   Ernst Baker, *The Politics of Aristotle*, Oxford: Oxford University Press, 1952, p. 21-32 e p. 115-120. Aristóteles afirma que a finalidade do Estado "é a promoção comum da qualidade de vida" (p. 117).
8   Aristóteles, *The Nicomachean Ethics*, R. Rackham (trad.), Cambridge: Harvard University Press, p. 17. Referências à economia encontram-se já na primeira página do Livro I, i, 4, em que diz que o objetivo da "economia doméstica" é a "riqueza". Para Aristóteles, a ciência da política, diretamente subordinada à ética, é a ciência mestra e se desdobra em outras altamente estimadas, como estratégia, economia doméstica e oratória. Livro I, ii, 4 a 8.

Smith, pai da economia moderna, foi professor de Filosofia Moral na Universidade de Glasgow.[9] Não só na *Teoria de sentimentos morais*, de 1759, senão também na sua obra-mestra *A riqueza das nações,* vinda à luz dezessete anos mais tarde, em 1776, Smith reconheceu os inconvenientes de dependência exclusiva do mercado e da motivação baseada apenas no autointeresse. Não aceitou o reducionismo do homem ao *homo economicus*, maximizador utilitário, ao contrário do que apregoam os seus desavisados críticos e que querem nos fazer crer serem seus fiéis seguidores.[10]

Para Smith, muito embora as pessoas procurem comercializar a sua produção por autointeresse, a economia só pode operar efetivamente caso exista um elo indispensável entre os diversos atores – a confiança:

> Quando um povo de um país em particular tiver confiança na solidez, probidade e prudência de um determinado banqueiro, que os faça acreditar que sempre estará pronto a pagar, a pedido, as notas promissórias que a qualquer tempo lhe forem apresentadas, então essas notas passarão a ter o mesmo curso que moedas em ouro e prata, isto pela confiança que tal moeda pode inspirar a qualquer tempo.[11]

Já escrevendo sob o impacto da atual crise, Sen comenta que Smith "era não só um defensor do papel do Estado em promover serviços públicos, tais como educação e alívio da pobreza (...) senão também se preocupava profundamente com a desigualdade e a pobreza que pudesse persistir na, mesmo por outros aspectos exitosa, economia de mercado". Ao contrário do que sugerem leituras apressadas de seus textos, Smith, para Sen, "só rejeita as intervenções [do Estado] que excluam o mercado – mas não intervenções que incluam o mercado, ainda que objetivando fins [mais] importantes que o mercado tende a deixar irrealizados".[12] Smith reconhece

---

9   Amartya Sen, op. cit., p. 17.
10 Ver Jerry Evensky, *Adam Smith's Moral Philosophy: A Historical and Contemporary Perspective on Markets, Law, Ethics and Culture*, Cambridge: Cambridge University Press, 2005, p. 245.
11 Adam Smith, *An Inquiry into the Nature and Causes of the Wealth of Nations*, R.H. Campbell e A.S. Skinner (eds.), Oxford: Claredon Press, 1976, I, II, ii28, p. 282, apud Amartya Sen, "Capitalism Beyond the Crisis", *The New York Review of Books*, vol. LVI, n°5, 26 mar - 8 abr 2009, p. 27.
12 Amartya Sen, op. cit., p. 28.

ainda que o progresso da sociedade exige "obras públicas que facilitem o comércio", citando "estradas, pontes, canais navegáveis, portos etc."[13]

Amartya Sen conclui que a falta de clareza em distinguir entre "a necessidade" de contar-se com um mecanismo de mercado para um funcionamento eficiente da economia, e o grau em que o mercado é uma condição "suficiente" para isso, é que fez surgir interpretações distorcidas do pensamento smithiano, tanto por discípulos quanto por detratores.[14] Confusão dessa natureza reacende-se hoje em função do debate entre as mais díspares e disparatas versões sobre as características, causas e circunstâncias que desembocaram na atual crise mundial.

Desde Aristóteles, o comportamento ético, a busca do "Bem Universal", pressupõe a obrigação de sacrificar preferências pessoais em "defesa da verdade".[15] Compromisso com a verdade que Bento XVI, em boa hora, colocou como um dos eixos centrais de sua encíclica *Caritas in Veritate*,[16] de 29 de junho de 2009:

> [D]efender a verdade, propô-la com humildade e convicção e testemunhá-la na vida são formas imprescindíveis e exigentes de caridade. Esta, de fato, 'rejubila com a verdade' (1, Coríntios 13,6).

A verdade, que a maré relativista chegou a considerar uma quimera inatingível, é virtude imprescindível ao bom convívio social. A verdade, tal como a confiança, constitui valor exigido pelo agir ético, tanto do empresário privado quanto da autoridade pública. Ambos têm de conscientizar-se que, enquanto líderes, não só têm de cumprir seus deveres com rigor, senão também servir de exemplo para seus liderados, seja por duas ideias, seja por suas ações, o que incluiu compromisso com a verdade e exige transparência das ações do governo e dos agentes do mercado. Exige, ainda, corrigir assimetrias e informações, hoje tão gritantes, e reprimir a atuação de *insiders*

---

13 Ver Jerry Evensky, "On the Role of Government: Book V of *The Wealth of Nations*", op. cit., esp. p. 222.
14 Amartya Sen, op. cit., p. 27-28.
15 Aristóteles, op. cit., p. 17.
16 Bento XVI, *Caritas in Veritate*, São Paulo: Paulinas, 2009, p. 3. Em outros trechos que cito da encíclica, traduzi livremente a versão em inglês, baixada do site www.vatican.va, confrontando-a com a versão em português que, em várias passagens, não me pareceu feliz.

que procuram beneficiar-se de informações privilegiadas a que tem acesso, manipulando-as sem escrúpulos.

Infelizmente, é frequente a disseminação, tanto na política quanto no mercado, de uma mistura de meias-verdades, distorções insidiosas, alegados *pragmatismos*, e até deslavadas mentiras, muitas vezes travestidas em *verdades de conveniência*. A publicidade ou propaganda enganosa, repetidas vezes sem fim com o intuito – muitas vezes infelizmente compensado – de convencer pela insistência, sofre do mesmo vício. Abrange os que vendem produtos e serviços, sem querer revelar-lhes as reais qualidades e limitações, assim como os que procuram propagar, diluindo-as aos incautos, ideologias inconsistentes, platitudes políticas ou interesses especiais, sob disfarces supostamente legítimos, mas incapazes de resistir ao teste da realidade.

A relação entre ética e economia sempre foi, e continuará sendo, tensa e complexa. Seu distanciamento, ao longo da história, empobreceu a ambos os ramos do saber e do agir, muito embora políticos esclarecidos, filósofos conscientes, profetas do temor de Deus e defensores dos bons costumes tenham se empenhado em elaborar normas capazes de regular, com equidade, a atividade econômica e assegurar a fluidez necessária à boa condução do comércio.[17]

Hamurabi, rei da primeira dinastia da Babilônia (1792-1759 a.C.), deixou esculpidos, em uma estela que sobreviveu ao tempo, 282 casos julgados por ele, inclusive sobre conflitos e dúvidas de natureza econômica, como preços, salários, tarifas e comércio.[18]

Quase um milênio mais tarde, por volta dos séculos IX e VIII antes de Cristo, Homero desenvolve na Grécia o *ethos* heroico da virtude aristocrática e Hesíodo elabora manifestação exemplar de literatura sapiencial, *Os trabalhos e os dias*, no qual, ao discorrer sobre o trabalhador, em especial o do campo, desenvolve *ethos* baseado no binômio trabalho e justiça. A partir dessa premissa, Hesíodo enumera as regras a serem seguidas na agricultura e no comércio marítimo. Impressiona, pela atualidade, seu comentário sobre a arrogância. Nas palavras de Jaeger, na por todos títulos monumental *Paideia*: "A causa do progressivo infortúnio do homem, para Hesíodo, era

---

17 Amartya Sen, *Sobre ética e economia*, p. 23-26.
18 Ver Emanuel Bouzon, *O Código de Hammurabi*, 9ª ed., Petrópolis: Vozes, 2001; e *Código de Hamurabi, Código de Manu, Lei das XII Tábuas*, Jair Lot Vieira (ed.), 2ª ed., São Paulo: Edipro, 2002.

a crescente *Hybris* (desmedida) e a desrazão, desaparecimento do temor a Deus, guerra e violência".[19]

Aristóteles (384 a 322 a.C.), na trilha aberta por Sócrates e Platão, procurou emprestar clareza às noções de Ética e Economia. Mas o primeiro livro na linha dos "conselhos aos governantes", que no próprio título indica seu propósito de discorrer sobre economia – o *Arthashastra* –, foi provavelmente escrito na Índia nas duas décadas seguintes à morte de Aristóteles, entre 321 e 300 a.C., por Kautilya. O título, em sânscrito, significa "a ciência do ganho material" ou "instruções para a prosperidade material". Conselheiro e ministro do imperador indiano Chandragupta Maurya (317-293 a.C.), fundador da dinastia Mauryana, Kautilya é considerado um dos precursores do realismo político (para Weber, Maquiavel se comparado a ele era um ingênuo). Distinguiu "quatro campos de conhecimento", um dos quais a "ciência da riqueza". Nesse campo, discute "construção de aldeias", "classificação de terras", "coleta de receitas", "manutenção de contas" e "regulamentação de tarifas".[20]

Um dos temas do binômio economia *versus* ética que atrai atenção constante desde a Antiguidade, haja vista o Antigo[21] e o Novo Testamento, os ensinamentos da Igreja na Idade Média e as manchetes da mídia ainda hoje, são os juros, conceito muitas vezes equiparado à usura. Levantam tanta celeuma que sua importância, tanto na prática quanto na teoria, tende a ser exagerada por defensores e críticos.

Um dos renomados pesquisadores do mundo financeiro do fim da Idade Média e dos albores do Renascimento, Raymond de Roover, estudou a fundo o tema juros-usura e as múltiplas maneiras de contornar as proibições legais à sua cobrança, através, entre outras, da letra de câmbio (jeitinho que seria reinventado no Brasil ao acelerar-se a inflação nos

---

19 Werner Jaeger, *Paideia: Die Formung des Griechischen Menschen*, vol. 1, 3ª ed., Berlin: Walter de Gruyter, 1954, p. 102.

20 Amartya Sen, *Sobre ética e economia*, p. 21-22; Roger Boesche, *The First Great Political Realist: Kautylia and his Arthashastra*. Lanham: Lexington Books, 2002; Isócrates et al., *Conselho aos Governantes*, 3ª ed., Brasília: Senado Federal, 2003, p. 77 e 118; Max Weber, *Politik als Beruf*, in *Gesammelte Politische Schriften*, 3ª ed. revista e ampliada por Johannes Winckelman, Tübingen: J.C. Mohr, 1971, p. 555.

21 Ver Salmo 15 (14), versículo 5: "pecuniam suam non dedit ad usuram" ("não empreste dinheiro com usura").

anos 1960). Para ele, entretanto, é um equívoco pensar que a questão da usura constitua o próprio cerne das doutrinas econômicas da teologia escolástica.²²

Schumpeter foi mais longe e com isso reforçou a tese da íntima e primeva relação entre economia e ética:

> Foi no seio de seu sistema de teologia moral e de seus comentários jurídicos que a economia política viu ser-lhe atribuído, entre as ciências, um lugar bem marcado, se não independente, [de tal maneira que] os escolásticos, mais do que outro qualquer grupo, merecem a qualificação de fundadores da ciência econômica.²³

Embora não fossem o coração da doutrina escolástica sobre economia, os juros não deixaram de ser seu traço mais controvertido, como continuam sendo até hoje. Qualquer cobrança de juros era considerada usura e, portanto, um pecado, cuja própria negação era considerada herética, conforme cânone aprovado pelo Concílio de Vienne (1312).²⁴

Foi Calvino, o Reformador, que inovou ao separar claramente empréstimos comerciais, em que juros eram permitidos, daqueles feitos aos necessitados, que deveriam ser gratuitos. Tomás de Aquino (1225-1274) e Bernardino de Siena (1380-1444), por sua vez, já haviam apontado para a qualidade "seminal" do dinheiro, sem deixar de considera-lo "estéril", paradoxo em que foram precedidos por Aristóteles.

A repulsa ético-religiosa ao usuário – era assim que o banqueiro de então era chamado, ou melhor, denunciado – foi um caso extremo do distanciamento entre ética e economia que Amartya Sen considerava empobrecer tanto a ética quanto a economia, uma das raras instâncias em que "o ofício era condenado *secundum se*, em si, *de natura*, segundo sua natureza". Ao morrer, o banqueiro era imediatamente despachado para o inferno, pelo menos até o início do segundo milênio da Era Cristã, quando, com o surgimento do conceito de purgatório e o abrandamento gradual da con-

---

22 Raymond de Roover, *La pensée économique des scholastiques: Doctrines e méthodes*, Paris: Vrin, 1971, p. 42.
23 Joseph A. Schumpeter, *History of Economic Analysis*. New York: Oxford University Press, 1993, p. 97.
24 Raymond de Roover, op. cit., p. 79.

denação à cobrança de juros, passou-se a poder, de repente, avistar nele um visitante inesperado – o usuário.[25]

Não era só a usura que era malvista, entretanto. A própria atividade econômica e aqueles que a praticavam como profissão eram olhados com desconfiança, se não com certo desprezo. Nem Grécia nem Roma – sem falar na China, Islã, Índia ou Bizâncio – tinham "desenvolvido visões éticas compatíveis com a dinâmica do sistema econômico".[26]

Ao longo do tempo, entretanto, brotaram novas ideias e modos de agir. Paulatinamente, em especial na transição da Idade Média ao Renascimento, foram aceitos, entre outros, a especialização econômica e consequente divisão do trabalho, o comércio, a necessidade de uma boa gestão – reconhecer que ética e eficiência não são antagônicas –, a economia monetária, no lugar do escambo, e o desenvolvimento simultâneo do crédito e do trabalho livre e remunerado. Com a queda do Império Romano já começara a ruir a escravidão, com a substituição do escravo pelo servo. Após a pandemia da peste negra, em 1347-1351, que se estima ter dizimado um terço da população europeia, a própria servidão feudal entrou em declínio.

Começava-se a dar mais valor às virtudes da liberdade, tanto no campo econômico quanto no político, o que, além de seus méritos intrínsecos, permitiu o aprimoramento do conceito de conduta ética, pois, sem liberdade, é impossível conceder-se liberdade individual.[27]

A imaginação criadora foi encontrando formas de contornar a condenação peremptória à cobrança de juros, que até então inibia a concessão de crédito e outras formas de financiar a continuidade dos novos mecanismos de gerar riqueza. Uma dessas formas previa a entrega, em garantia dos empréstimos, de um bem capaz de gerar rendimentos (uma extensão de terra, por exemplo) ou a utilização, já referida acima, de letras de câmbio. Nesse

---

25 Jacques Le Goff, *La bourse et la vie: Economie et religion au Moyen Âge*, Paris: Hachette, 1986, p. 53-54 e 79-84.
26 Rodney Stark, *The Victory of Reason: How Christianity led to Freedom, Capitalism and Western Success*, New York: Random House, 2006, p. xiii.
27 Os teólogos desde cedo chamaram a atenção para o papel do livre-arbítrio e Kant, entre outros enfatizou a íntima relação entre liberdade e lei moral. Veja interessante comentário a respeito em Antoine Grandjean, "La loi morale, ratio cognoscendi de la liberte", *Philosophie*, nº 95, outono 2007, Paris: Les Éditions de Minuit.

caso, o empréstimo era transformado em um negócio de troca cambial, "que apesar de seu caráter ambíguo, não era considerado usurário".[28]

Por sua vez, a atividade creditícia deixou de ser reprimida no caso em que as taxas de juro não ultrapassassem o limite estabelecido pela lei romana, 12%, ou pelas leis bárbaras da alta Idade Média que, por volta do Ano Mil, chegaram a elevar o limite anual autorizado para 33½ %. Prevalecia a noção de moderação e de medida do homem prudente que, se adotada, podia livrar o *usurário* da condenação peremptória. Por outro lado, as censuras canônicas contra a usura não atingiam os grandes banqueiros da época, como os Medici ou os Fugger.

Pouco a pouco, quatro razões foram sendo elaboradas para justificar a prática de cobrança de juros: 1) "o *damnos emergens*", 2) "o *lucrum cessans*", 3) "o *stipendium laboris*" e, finalmente, 4) "a *ratio incertitudinis*", derivada da assunção de risco, conceito relativamente novo na sociedade cristã, mas que viria a ocupar um lugar nuclear no desenvolvimento do capitalismo: o risco calculado.[29]

Em Portugal, cabe registrar o Alvará Real de 10 de janeiro de 1757, inspirado pelo Marquês de Pombal, em que D. José I ainda rebate os usuais argumentos a favor da cobrança de juros, em especial os "excessivos":

> Eu El Rey faço saber aos que este Alvará com força de lei virem, que sendo-me presentes as excessivas usuras, que algumas pessoas costumão levar do dinheiro, que emprestão a juro, e a risco para fora do Reino, com os affectados pretextos de lucro cessante, damno emergente, cambio marítimo e outros similhantes, de que resulte grave prejuízo ao commercio interior, e externo de meus fieis Vassalos, e ao Bem Comum dos meus Reinos (...) sou servido ordenar que nestes Reinos, e seus Domínios, se não possa dar dinheiro algum juro, ou a risco, para a terra, ou para fora della, que exceda o de cinco por cento cada anno;...

O Alvará foi revogado em 5 de maio de 1810, dois anos depois de sua chegada ao Brasil, pelo Príncipe Regente D. João. Nos 53 anos transcorridos entre os dois alvarás, o pensamento econômico liberal no Brasil, liderado

---

28 Raymond de Roover, op. cit., p. 82-84.
29 Jacques Le Goff, op. cit., p. 78-79.

pelo Visconde de Cairu, ganhou ampla aceitação, e os mercados sediados no Rio de Janeiro – portugueses de origem, ingleses ou brasileiros – tinham acrescido de muito sua riqueza, seu *status* e sua influência, sobretudo o de "grosso trato", que passaram a financiar os negócios comerciais, as viagens oceânicas e, frequentemente, o próprio Tesouro Real.[30] O Alvará rezava:

> Eu o Príncipe Regente faço saber aos que o presente Alvará com força de lei virem, que desejando promover a adiantar cada vez mais o Commercio Nacional, dando-lhe a maior extensão e facilidades possíveis, e removendo-lhe todos os obstáculos [... considero] o contrato de cambio marítimo assentado em Justiça e conforme os princípios do Direito Natural, justificando a sua igualdade o tomar o proprietário do dinheiro sobre sua conta o risco pelo premio, que ajusta; bem como no contracto de seguros marítimos por esta razão reportado justo e legal, e sustentado por mui doutos, e orthodoxos Theologos e Juristas, praticado por muitas nações civilizadas e Commerciantes (...) e considero que do estabelecimento desta legislação seguir-se-hão ao Bem Público as vantagens, e proveito de Commercio, que só medra e prospera limpo de estorvos, e no seio da maior franqueza de liberdade [... e ainda] que da proibição, que até agora existia só resultavam fraudes, conversões simuladas, denúncias imorais, e proveitosas aos mal intencionados, que tiravam partido de sua própria torpeza, e perigos aos Cidadãos de honra, e probidade (...) sou servido (...) ordenar: Que da publicação deste em diante seja lícito a todos os meus vassalos dar dinheiro, ou outros fundos a risco para todo o Commercio Marítimo qualquer que seja o lugar, ou porto de destino das embarcações em que os embarcarem, pelo prêmio, que puderem ajustar, sem restricção de quantia, ou de tempo...

Permiti-me a citação de longo trecho do Alvará pela surpreendente compreensão que revela dos princípios morais e preceitos legais que devem reger o "commercio, que só medra e prospera limpo de estorvos e no seio da maior franqueza e liberdade", e dos malefícios advindos da concorrência

---

30 Sobre as profundas mudanças no pensamento econômico, no contexto social e nas mudanças políticas ocorridas nos 53 anos que separam os dois Alvarás, veja M. M. Moreia, "Gênese da Associação Comercial do Rio de Janeiro: ideário em transformação, realidades econômicas novas, mudanças sociais (1750-1822)", in Regina da Luz Moreira e Paulo Fontes (orgs.), *A Casa do empresário: trajetória da Associação Comercial do Rio de Janeiro*, Rio de Janeiro: CPDOC, 2009, p. 27-70.

truncada ou desleal, em que ganham os fraudadores "que tiravam partido de sua própria torpeza" e perdem os "Cidadãos de honra e probidade".

O tema ainda voltaria à tela em várias circunstâncias e até hoje é objeto de constante controvérsia. Em 1933, o Decreto nº 22.626, de 7 de abril, estabeleceu juros contratuais máximos do dobro da taxa legal e ainda fixou limites de juros para empréstimos garantidos por propriedades rurais, ou direcionados às atividades agrícolas. Limitação a juros foi também inscrita na Constituição de 1988, que proibiu juros reais superiores a 12%, dispositivo nunca aplicado por falta de regulamentação e de definição do conceito de juros reais. Foi revogado pela Emenda Constitucional nº 40, de 29 de maio de 2003. Mais recentemente, as Comissões no Congresso chamadas a examinar os desdobramentos da crise de fins de 2008 e começo de 2009, em vez de procurar repensar, com visão de largo horizonte, o Brasil pós-crise – o papel da inovação em sociedade do conhecimento; o futuro de nossas florestas; o aquecimento global, a economia de baixo carbono; a competição global acirrada etc. –, restringiram-se praticamente a recomendar limites à cobrança de tarifas, juros e *spreads* pelas empresas de cartões de crédito e pelos bancos. Recomendações válidas, se adotadas com o intuito de evitar abusos e privilégios derivados da falta de concorrência, mas de gritante insuficiência em vista dos instigantes desafios com que nos assombra o mundo de amanhã.

Tema que nesse contexto merece repulsa e atenção redobrada é a captura de políticas públicas por interesses especiais, em geral de escopo restrito e horizonte curto. Frequentemente surgida no contato estreito entre as esferas pública e privada – que em si é natural e necessário –, esse desvio de objetivo acaba atiçando a tentação, dissecada por Roberto DaMatta em sua metáfora da casa e da rua, em confundi-la, ou fundi-las, em evidente conflito de interesses que, por sua vez, tende a induzir transgressões de comportamento ainda mais sérios. Políticas públicas têm por missão precípua a consecução do bem comum, não só no curto, mas também no longo prazo. Sua captura por interesses especiais é exemplo eloquente de conduta antiética. Constitui-se em uma das chagas mais deletérias e mais onerosas da vida pública brasileira, em termos de desvio de finalidade, de desperdício e de malversação de recursos públicos. Quando camuflada por pretensa defesa de *direitos adquiridos*, essa captura chama menos atenção, mas não é menos perniciosa do que as mais identificáveis como imorais ou criminosas, objeto frequente de vistosas operações da Polícia Federal. Economia, ética e política acabam se entrelaçando sempre, tanto para o bem quanto para o mal.

Retomando ao Renascimento, tempo da descoberta do homem e do mundo, o dinamismo que começou a irradiar-se a partir da consolidação dos centros urbanos, concentradores do poder econômico e político, viria a transferir o ponto de gravidade socioeconômica do campo para a cidade, fazendo surgir o *ethos* urbano. A cidade privilegia o tempo dinâmico, reformador, em contraste com o espaço da natureza, estático e conservador, típico do campo. Com a difusão do relógio mecânico, o tempo da natureza foi sendo substituído pelo tempo do homem,[31] como presságio do *time is money*, que viria a ser cunhado por Benjamin Franklin meio milênio mais tarde, legitimando os juros como remuneração do tempo.

Até hoje, o tempo do relógio coletivo encontra resistência no Brasil. Cada pessoa parece ter seu próprio relógio individual, prática frequente inclusive entre as lideranças políticas e empresariais, exatamente as que deveriam servir de exemplo de uma conduta regrada e pontual. A falta de pontualidade generalizada significa enorme desperdício de tempo, se somados todos os fragmentos de tempo que Franklin insiste não devam ser perdidos: "Tempo perdido é subsistência perdida, é, portanto, tesouro perdido."[32] A impontualidade pessoal muitas vezes deriva da falta de confiança na reciprocidade do *outro*, o que inibe um processo coordenado, como o visualizado pela teoria da ação coletiva. Portanto, é um desvio de conduta, individual e coletivo, ainda pouco percebido como tal entre nós, mas de consequências econômicas cumulativas de vulto.

Confiança tem de ser recíproca – o que pressupõe também a presunção de boa-fé –, para assegurar tanto o êxito de políticas públicas quanto o de iniciativas de mercado tendentes a formar atraente e confiável ambiente de negócios. E essa reciprocidade há de ser tanto vertical quanto horizontal.

---

31 Alfred von Martin, *Soziologie der Renaissance*, Munique: Verlag C.H. Beck, 1974, esp. p. 19; e Denys Hay, *The Italian Renaissance in its Historical Background*, 2ª ed., Cambridge: Cambridge University Press, 1977, p. 32-33.

32 Benjamin Franklin, *Political Miscellaneous, and Political Pieces*, London, printed for J. Johnson, 1779, p. 48-49.

O tema da confiança vertical tem sido estudado para avaliar as políticas públicas mais eficazes para reduzir a sonegação fiscal: em dois extremos, encontramos, de um lado, políticas que procuram aumentar o risco para os que sonegam, baixando legislação que aumenta a severidade da fiscalização e o peso das penalidades para o transgressor e, de outro, políticas que procuram enfatizar a motivação para uma conduta tributária correta, ao chamar atenção para a contrapartida ao imposto cobrado: a efetiva prestação, pelo governo, de serviços públicos de qualidade, em forma de infraestrutura, saúde, educação, segurança pública, prestação jurisdicional tempestiva e "justa repartição da carga tributária total entre os cidadãos [como] imperativo ético para todo Estado de direito".[33] O cidadão consciente dessa indispensável contraprestação pelo governo e, na medida em que escorado por eficaz Código de Defesa do Contribuinte que respeite sua "capacidade contributiva", não precisará mais temer pressão fiscal desmedida ou o fiscal truculento, enquanto que o governo deixará de temer a sonegação contumaz. Reciprocidade vertical significa, portanto: o cidadão-contribuinte, por ter confiança no governo, cumpre com suas obrigações tributárias e este, por ter confiança no cidadão, passa a respeitá-lo.

É conhecido o típico *tax-payer* americano, que cumpre suas obrigações tributárias, mas que, em contrapartida, cobra do governo um serviço público digno desse nome. Em comunidade baseada na confiança mútua, tanto o setor público quanto o privado poderão, enfim, escapar do "imperativo categórico às avessas", já denunciado por Octávio de Faria em 1931, mas ainda tão em moda hoje entre nós para *justificar* crassos desvios de conduta, só porque se tornaram rotina: "Se todos fazem, não só pode, como tem de fazer". Faria comenta ainda, no mesmo veio, que o cidadão-malandro não hesitará em roubar o Estado, por ser este "ora uma pura abstração (...) ora um verdadeiro ladrão que não faz mal roubar". E, ainda, "é 'tolo' quem podendo se aproveitar (de um particular ou do Estado) não o faz".[34]

---

33 Klaus Tipke, *Justiça fiscal e princípio da capacidade contributiva*, São Paulo: Malheiros, 2002. Tipke, renomado tributarista alemão, tem-se dedicado a desenvolver os conceitos de "justiça fiscal" (p. 13); "capacidade contributiva" (p. 27-35) e "moral tributária" (p. 15).

34 Octávio de Faria, *Machiavel e o Brasil*, Rio de Janeiro: Schmidt-Editor, 1931, p. 142.

Por sua vez, a reciprocidade horizontal pressupõe que o cidadão confie em que sua atitude será correspondida pelo vizinho, isto é, que este também esteja pagando o imposto que lhe cabe. Ambos saberão que suas contribuições estarão beneficiando a todos e, portanto, também a eles próprios. Nem um nem outro "estará pagando mico", como se diz vulgarmente hoje, nem será visto como um otário solitário.

Só assim gerar-se-á uma cultura formada por valores cívicos, o que permitirá a eficácia de uma ação coletiva e a prevalência de uma ética tributária, em substituição à que cultua ou se conforma com as transgressões, isto é, com a sonegação em todas suas formas. Não mais se ouviria: "para que pagar, se o governo gasta mal, desperdiça ou desvia o que arrecada", "por que pagar, se os cidadãos em meu redor não o fazem, por que serei eu justamente a pagar o pato!". É claro que o mundo não é perfeito e por isso, como diz Keith Snavely, em artigo clássico sobre o tema, "a escolha a ser feita deve equilibrar os dois tipos de política",[35] a que pune o sonegador e a que incentiva o contribuinte correto. Simultaneamente, há de ser inibida a leniência com a transgressão e com o transgressor, assim como com a impunidade, um dos mais graves vícios da nossa vida social. E, há que erigir-se a boa conduta a algo costumeiro e respeitado por todos. Só, assim, construir-se-á um confiável *capital social*, capaz de tornar o convívio social em um cadinho de prosperidade material e promoção pessoal.

A noção de *capital social* cunhada pelo sociólogo James Coleman é um elemento crucial do capital humano que, como outras formas de capital, é produtivo ao proporcionar aos membros de uma certa sociedade confiar uns em outros e "possibilitar, assim, atingir certo objetivos que de outra forma não seriam atingíveis". É, segundo Robert D. Putnam, um dos estudiosos do tema, que focou em particular a prosperidade de regiões e comunidades italianas, uma rede de engajamento cívico que cria normas sólidas de confiança e reciprocidade generalizadas que "parecem ser uma pré-condição

---

35 Ver Elinor Ostrom, "Policies that crowd out Reciprocity and Collective Action", in Herbert Gintis et al., *Moral Sentiments and Material Interests: The Foundation of Cooperation in Economic Life*, Cambridge: The MIT Press, 2000, p. 253-275; e Keith Snavely, "Governmental Policies to Reduce Tax Evasion: Coerced Behavior versus Services and Values Development", *Policy Sciences* 23, p. 57-72, apud Elinor Ostrom, op. cit., p. 261.

para o desenvolvimento econômico, assim como para um governo eficaz".[36] E a confiança, como lembra Francis Fukuyama, pode "reduzir drasticamente o que os economistas chamam de custos de transação".[37]

Confiança e reciprocidade são, portanto, conceitos-chaves e é a eles que Elinor Ostrom dedicou esforço sistemático que lhe valeu a concessão do prêmio Nobel de Economia de 2009, apesar de ser cientista política, não economista. Ela estudou, em particular, a centralidade desses conceitos para assegurar a governança eficaz de bens públicos a cargo muitas vezes das comunidades locais de natureza informal.[38]

Baseada na evidência colhida nesses estudos, ela propõe sistemas de governança policêntricos, em vez dos fortemente centralizados, e critica políticas que, ao afastar normas de confiança, reciprocidade e ação coletiva, desprezam o "conhecimento de circunstâncias locais" e "discussão de temas éticos". E conclui que "desprezar (*crowding out*) reciprocidade, cooperação e cidadania é um desperdício de recursos humanos e materiais e representa um grave desafio à sustentabilidade no tempo de instituições democráticas".[39]

Partindo de premissas mais teóricas do que experimentais, Fernando Savater enfatiza, na última página de seu belo *Convite à ética*, que "a base da virtude é sempre o reconhecimento, quer dizer, o assentimento com todas as consequências à realidade do outro..." E, em consequência, conclui que "o método da virtude é a reciprocidade, ou seja, a reversibilidade do dom, a atenção ao que o outro pode ou oferece, a busca de colaboração".[40]

---

36 Robert Putnam, "The Prosperous Community: Social Capital and Public Life", p. 3. Instigante estudo de Bruni e Zamagni considera que "a reciprocidade é o princípio fundador da doação e do contrato" e, portanto, "um caminho para o mercado". Ver Luigino Bruni e Stefano Zamagni, "Gift and reciprocity as a way to the Market", in *Civil Economy: Efficiency, Equity, Public Happiness*, Frontiers of Business Ethics vol. 2, publicação do Business Ethics Center da Universidade Corvinus de Budapeste, Berna: Peter Lang, 2007, p. 41-43.

37 Francis Fukuyama, "Social Capital and The Global Economy", *Foreign Affairs*, vol. 74, nº 5.

38 Além da já citada obra, ver Elinor Ostrom e James Walker, *Trust and Reciprocity: Interdisciplinary Lessons from experimental Research*, New York: Russell Sage Foundation, 2003; e Basudeb Guha-Khasnobis, Ravi Kandur e Elinor Ostrom, *Linking the Formal and Informal Economy: Concepts and Policies*, Oxford e New York: Oxford University Press, 2007.

39 Elinor Ostrom, "Policies that crowd out Reciprocity and Collective Action", p. 270.

40 Fernando Savater, *Convite à ética*, Miguel Serras Pereira (trad.), Lisboa: Fim de Século, 2008, p. 157.

Atitude diametralmente oposta ao que pratica a concorrência desleal, e esperteza com causa própria ou o monopólio centralizador.

Voltando ao passado, a cobrança de juros nunca chegou a zerar o preconceito que a condenava desde cedo. A aversão viria a ser reforçada pelo marxismo, sobretudo na pena de Rudolf Hilferding, que em seu *Das Finanzkapital*[41] voltou à ideia pré-escolástica de que o dinheiro, sendo fungível, era estéril: "Pecunia pecuniam non parit". Hilferding desenvolveu a ideia da financeirização do capitalismo, segundo a qual, o capital bancário, os bancos, passaram a dominar o capital produtivo, a indústria. Cunhou também os conceitos de capital puramente monetário, de capital fictício e de capital especulativo. Hilferding considerava que "o principal objetivo de sua análise era mostrar como os processos de circulação do capital davam ao crédito capitalista o poder de dominar todo o processo social".[42] Atacou, por sua vez, o cerceamento da concorrência pelos cartéis e trustes, prática de fato condenável, que mais tarde viria a ser coibida pelas legislações antitruste.

Muito embora a manifestação mais concreta e aberrante do socialismo marxista tenha sido enterrada pela debacle do comunismo e de seu epicentro, o despótico Império Soviético, suas ideias continuam a aquecer, se não a contaminar, muitos dos debates econômicos modernos. Ainda agora, testemunhamos discussão sem sentido, confrontando um suporte *neoliberalismo* a um *neopopulismo* anacrônico. Este parece encontrar na América Latina chão fértil para prosperar, dado nosso apreço por ideias obsoletas, resgatadas por um misto de ignorância, ressentimento e nostalgia, das gavetas empoeiradas do esquecimento.

Por sua vez, certas formas *neosselvagens* e capitalismo, como o *Tatcherismo* e a *Reagonomia*, turbinadas na era Bush pelos neoconservadores republicanos, tiveram seus dias contados pela própria crise que ajudaram a gerar. Isso não nos deve levar, entretanto, a desqualificar as insubstituíveis virtudes da sadia economia de livre-iniciativa, a qual não repele, antes

---

41 Rudolf Hilferding, *Das Finanzkapital. Eine Studie über die jüngste Entwicklung des Kapitalismus*, Viena: Volksbuchhandlung Ignaz Brand & Co, 1910; e *Marx Studien, Vol. III*, esp. p. 7, 10, 103, 153-155, 282-283 e 323. Organizado por Aloísio Teixeira, o livro *Utópicos, heréticos e malditos: os precursores do pensamento social de nossa época* (Rio de Janeiro: Record, 2002) traz breve biografia de Hilferding, sem referir-se, entretanto, ao *Finanzkapital*.

42 Ver Jonas Zoninsein, *Monopoly Capital Theory: Hilferding and Twentieth-Century Capitalism*, New York: Greenwood, 1990.

aplaude e mesmo exige, uma regulação racional que assegure transparência, concorrência leal e defesa dos mais fracos.

Em seu belíssimo ensaio *A ética protestante e o "espírito" do capitalismo*, Max Weber, um dos principais pensadores sociais do século XX, buscou inverter o determinismo materialista de Marx, ao identificar o papel das ideias na evolução econômica. As ideias, mesmo que não inseridas em cadeia causal, podem ser *afinidades eletivas* a outros fatores e interesses com que se entrelaçam, e, assim, convergir para alcançar resultados concretos. Analisando o surgimento do capitalismo após a Reforma de Lutero, Zwingli e Calvino, Weber identificou a semente do Capitalismo na ética calvinista, da frugalidade e do ascetismo, na qual a acumulação de riquezas era percebida como sinal de *predestinação divina*.[43]

Como procuramos mostrar, ao nos referirmos ao pensamento econômico da escolástica, a datação e a gênese do capitalismo parecem preceder à Reforma, mas a tese de Weber, reconhecendo a importância no processo histórico dos fatores não materiais, inclusive da ética, contrasta frontalmente com o determinismo materialista, e constitui-se em contraponto intelectual ao marxismo. Este havia sequestrado, dando-lhes roupagem nova ao escondê-los sob manto revolucionário, os ideais da ética cristã, com seu profundo senso de responsabilidade social e solidariedade humana. É irônico constatar que não foi a interpretação materialista da história, mas, sim, a bandeira da justiça e da promoção humana, gerada da semente da tradição greco-judaico-cristã e capturada pelo marxismo, que empolgou e acabou iludindo multidões por tanto tempo.

O debate continua e foi exacerbado por leituras – ou desleituras maniqueístas – mais ideológicas do que analíticas, sobre a etiologia da crise global que muitos atribuíram apenas às imperfeições do mercado e à *falta de escrúpulos* de seus agentes. Esqueceu-se a responsabilidade que coube às políticas públicas que se revelaram equivocadas: nos Estados Unidos, taxas de juros deprimidas, na China, taxa de câmbio artificialmente desvalorizada e resultante acumulação de enormes reservas em dólares, com isso transfor-

---

43 Max Weber, *A ética protestante e o "espírito" do capitalismo*, José Marcos Mariani de Macedo (trad.), Antonio Flávio Pierucci (rev. téc.), São Paulo: Companhia das Letras, 2004. Para um esclarecimento do pensamento weberiano a respeito, ver Reinhard Bendix, "Ideas as Causes and as Consequences", in *Max Weber: An Intelectual Portrait*, New York: Doubleday, 1960, p. 85-90.

mando os déficits em conta corrente americanos em liquidez mundial quase ilimitada. Estava criado caldo de cultura em que medrou a simbiose espúria entre extravagante poupança chinesa e consumo americano desmedido. Essa combinação, só possível, por sua vez, pelo avanço da globalização, acabou viabilizando prosperidade geral inédita no sexênio 2003-2008, tirando centenas de milhões de pessoas, em especial chineses e indianos, da miséria. Em contrapartida, gerou desequilíbrio financeiro-econômico global insustentável, enquanto o ambiente de liquidez oceânica abria as portas para o surgimento de toda sorte de desvios de conduta, que atingiram intensidade de autocombustão no mercado americano de empréstimos *subprime*, mais gatilho do que causa da crise global. Esta surgiu de grave crise de mercado, exacerbada por não menos séria omissão do Estado, a quem caberia regular, fiscalizar e arbitrar, muito antes do estouro da boiada.

Mercado *versus* Estado, Capitalismo de Mercado *versus* Socialismo em sua forma neopopulista – Capitalismo de Estado – vieram, em consequência, reacender controvérsias acaloradas. Entre nós, chegou-se a atribuir a crise aos "adoradores do mercado", e houve mesmo regozijo (ou *Schadenfreude?*) sintetizado na declaração despropositada e de mau gosto: "o deus mercado morreu!". Propôs-se substituí-lo pelo Estado, que voltaria a ser não só produtor de prosperidade, mas também uma espécie de salvador *ex machina*. Que falta faz hoje um San Tiago Dantas que, severo, advertia, há mais de meio século: "Querer salvar é sublime, julgar-se um salvador é ridículo".[44]

Uma análise equilibrada do tema Estado-mercado, que, de um lado, enfatiza as virtudes do "sistema de livre mercado" como inigualado mecanismo criador de riqueza, mas, de outro, adverte para os riscos decorrentes da imprudência, se não ganância, de seus agentes, traz o sugestivo título *Salvando o capitalismo dos capitalistas*. Na introdução, após afirmar que esse sistema do agir econômico "é o mais eficaz caminho de organizar a produção e a distribuição que o homem encontrou", os autores afirmam

---

44 Francisco C. de San Tiago Dantas, *Dom Quixote: um apólogo da alma ocidental*, Rio de Janeiro: Agir, 1948, p. 23.

que, surpreendentemente, o sistema de livre-iniciativa e concorrência tem tido dificuldade de "atingir corações e mentes".[45]

No mesmo veio, Edmund Phelps, prêmio Nobel de Economia em 2006, então diretor do Centro "Capitalismo e Sociedade" da Universidade de Columbia, comentava que:

> Infelizmente, não há um amplo entendimento do público quanto aos benefícios que podem, com justiça, ser creditados ao capitalismo, e por que estes benefícios têm custos. Essa falha intelectual tem deixado o capitalismo vulnerável a opositores e à ignorância dentro do sistema.[46]

Jean-Pierre Lehmann, professor do IMD (International Institute for Management Development), na Suíça, após citar Phelps, afirma que:

> As duas grandes crises do capitalismo, na década de 1930 e a atual, compartilham uma série de características, como uma grave crise do conhecimento, [de] educação, e consequentemente, [de] confiança.

Lehmann concluiu, citando o acima referido Rajan, que "o problema do comunismo é o comunismo; o problema do capitalismo são os capitalistas".[47] Defender a liberdade de iniciativa, para Rajan e Zingales, não contradiz a convicção de que "o capitalismo precisa de um arcabouço básico de regras e regulamentos para assegurar que o sistema esteja acessível a todos e [seja], portanto, competitivo". Eles insistem que a ausência do governo pode ser anticoncorrencial e retardar os mercados".[48] Acertadamente, atribuem ao mercado concorrencial a condição de bem público, e concluem que "a esquerda está errada ao dizer que os mercados devem ser substituídos pelo governo, porque isto só perpetuará a captura pela elite. E a direita está errada em dizer que é possível dispensar o governo".[49]

---

45 Raghuram Govind Rajan e Luigi Zingales, *Saving Capitalism from the Capitalists: Unleashing the Power of Financial Markets to Create Wealth and Spread Opportunity*, New York: Crown Business, 2003, p. 1.
46 Edmund Phelps, "Uncertainty bedevils the best system", *Financial Times*, 14 abr 2009.
47 Jean-Pierre Lehmann, "Reconquistar a confiança", *O Globo*, sábado, 25 jul 2009, p. 7.
48 Raghuram Govind Rajan e Luigi Zingales, "Prefácio" à edição em paperback do livro *Saving Capitalism from the Capitalists*, 2004, p. xi.
49 Ibid., p. xi e p. 276.

Rajan e Zingales também expressam forte preocupação com a captura das políticas públicas por interesses especiais – econômicos, políticos, corporativos, sindicais (quer de trabalhadores ou de empresários), ideológicos ou religiosos –, de que uma forma muito frequente é a captura dos reguladores pelos regulados, especialmente quando uma regulação opaca e caótica permite que estes escolham o regular que mais lhes convém. Essa situação se agravou com a ascensão do Tatcherismo e da Reagonomia na virada da década dos 1970 para a dos 1980. A dose de desregulamentação foi levada a extremos, o que acabou estimulando a busca da riqueza e de polpudos bônus, a qualquer custo, com os devastadores resultados que hoje se conhece. Uma mais eficaz regulamentação dos mercados e dos agentes financeiros e uma correção do sistema de concessão de bônus financeiros que premiavam o atingimento de metas de venda de produtos financeiros, sem contabilizar os riscos envolvidos, são hoje uma das mais importantes e difíceis tarefas dos governos nacionais e do G-20 para mitigar os riscos de novo estouro da manada.

Ponderações de natureza ética no campo do agir econômico não podem, portanto, ser desprezadas. Têm de ser levadas em conta, tanto pelos governos, cuja obrigação é regular e fiscalizar os mercados quanto por aqueles cuja obrigação é operá-los, respeitadas as regras do jogo. Não há nenhuma razão para supor que desvios éticos sejam mais comuns na esfera do governo ou na de mercado. Ambas as esferas compartilham virtudes e vícios. As virtudes, portanto, hão de ser estimuladas, os vícios reprimidos, tanto no bojo dos governos quanto na operação dos mercados.

O agir econômico ético tem de permear tanto as ações do governo quanto às dos empresários e trabalhadores, dos fornecedores e clientes, investidores e consumidores. A ética empresarial não se limita à boa governança corporativa ou à responsabilidade social do empresário, mas abarca uma ampla gama que incluiu qualquer ator que pratique uma atividade econômica, o governo regulando-a e fiscalizando-a, o cidadão trabalhando, produzindo, distribuindo, poupando, investindo ou consumindo. Existem situações diferenciadas que têm, é claro, que ser respeitadas, mas não existem éticas próprias para o setor público, para o privado ou para o terceiro setor, nem para cada cadeia do processo produtivo.

Um bom exemplo para visualizar essa afirmação se encontra em outro texto de Max Weber, a bela conferência "Política como Vocação", em que ele explicita sua tese que distingue duas éticas, a da convicção e a da responsabilidade.⁵⁰ Ao invocar esse tema no contexto desta apresentação, estou entendendo a concepção weberiana à economia, em vez de limitá-la à política, a que Weber se refere explicitamente na referida conferência, mas creio não estar fugindo ao pensamento mais amplo de Weber que é, em essência, multifacetado. Muito embora ele não tenha escrito, ao menos ao que eu saiba, uma conferência sobre a economia como vocação, sua obra mais conhecida, a já citada sobre a ética protestante e o espírito do capitalismo, é dedicada a examinar as consequências econômicas – o surgimento do capitalismo moderno – de uma ética de convicção contida nos ensinamentos austeros de Calvino, especialmente na noção de predestinação.

A ética da convicção (*Gesinnungsethik*), também chamada ética dos princípios, absoluta ou do Sermão da Montanha, é a ética que dá ênfase precípua aos valores pelos quais avalia os meios, isto é, o próprio agir, enquanto a ética da responsabilidade (*Verantwortungsethik*) empresta maior ênfase às consequências do agir, à responsabilidade do ator para com o resultado de sua ação, levando em conta a irracionalidade e imperfeição que inerem ao mundo. Weber deixa claro, entretanto, que ao distinguir as duas éticas, não supõe que "a ética da convicção signifique falta de responsabilidade, nem que a ética da responsabilidade seja idêntica a falta de convicção".⁵¹

Renato Janine Ribeiro considera que "a ética dos princípios, que pode ser a do indivíduo privado, é a mais próxima de uma ética tradicional" sem confundir-se com ela. Entretanto, para ele, "essa ética está perto da tradição, na medida em que atribui aos valores uma vigência forte, ou até um caráter absoluto".⁵²

No primeiro capítulo de sua obra maior, *Economia e sociedade*, postumamente publicada em 1922 por sua viúva Marianne Weber, Weber distingue quatro maneiras do agir social (*das Soziale Handeln*), o que evi-

---

50 Max Weber, "Politik als Beruf", p. 505-560.

51 Ibid., p. 551. Em um curto texto pré-monitor, "Entre duas leis" (*Gesammelte Politische Schriften*, p. 142) de fevereiro de 1916, em que comenta um debate numa revista mensal, *Die Frau*, sobre "As leis do Evangelho e as leis da Pátria", Max Weber chega a usar a expressão que ele mesmo acha algo patética de "nossa responsabilidade com a História".

52 Renato Janine Ribeiro, *A sociedade contra o social: o alto custo da vida pública no Brasil*, São Paulo: Companhia das Letras, 2000, p. 194-195.

dentemente abarca o agir econômico: 1) racional, segundo os resultados almejados (*zweckrational*); 2) racional, segundo os valores; (*wertrational*) 3) afetivo; e 4) tradicional.

Os dois primeiros tipos de ação coincidem com a ética da responsabilidade e a ética da convicção, respectivamente. Segundo Weber, "age segundo a racionalidade dos resultados colimados (*zweckrational*) aquele que orienta a sua ação pelo fim, meio e efeitos colaterais e, assim, avalia, racionalmente, tanto os meios em relação aos fins quanto os fins em relação aos efeitos colaterais".

A decisão entre fins e meios que concorrem ou colidem entre si pode, por sua vez, ser resolvida de acordo com a racionalidade dos valores (*wertrational*), caso em que a ação só é racional segundo as consequências em relação aos meios, pelo que Weber quer dizer que "a orientação do agir segundo a racionalidade de valores pode se colocar em relação à racionalidade de consequências de diversas maneiras".

Do ponto de vista da racionalidade dos fins colimados, entretanto, a racionalidade dos valores torna-se crescentemente irracional, na medida em que ela se importa menos com os resultados de sua ação ao só levar em conta seu valor próprio, ou seja, a beleza, o bem absoluto, a obrigação também absoluta.[53] Mas Weber não radicaliza nem mesmo essa afirmação, pois comenta que em certos momentos extremos voltam a viger os valores mais caros a cada um que diz – "eu não posso agir de modo diferente". É quando passa a imperar "a lei moral dentro de mim" que Kant, numa bela formulação, diz provocar admiração e respeito só comparável ao "céu estrelado acima de mim".[54]

Max Weber sustenta, na conferência sobre política, que a ética da convicção e a ética da responsabilidade não constituem contrastes absolutos, mas sim complementaridades que se fundem no autêntico agir humano e que, a cada decisão, precisam ser sobrepesados com seriedade.[55] Ele deixa

---

53 Max Weber, "Wirtschaft und Gesellschaft", terceira parte da obra coletiva *Grundiss der Sozialökonomik*, Tübingen: Verlag Von J.C.B. Mohr, 1922, p. 12-13.

54 Immanuel Kant, "Kritik der Praktischen Vernunft", in *Werke*, tomo VII, Wiesbaden: Insel, 1956, p. 300. Ver também a bela edição bilíngue *A Crítica da razão prática*, São Paulo: Martins Fontes, 2003, p. 288-289.

55 Max Weber, "Politik als Beruf", p. 559

claro que sua análise não deve ser entendida como uma defesa da tese de que os fins, desde que nobres, justificam a utilização de quaisquer meios. Isso porque, como já lembrara o próprio Maquiavel, a quem é atribuída essa tese – ao lado dos jesuítas –, isso só é justificável em instâncias excepcionais e na busca de objetivos realmente grandes. O que inclui, por exemplo, a mera manutenção do poder – hoje se diria a garantia da governabilidade – a não ser que seja utilizada para objetivo mais relevante. O mesmo raciocínio se aplica à vida econômica. Maquiavel também enfatizou o papel da ética, a que ele se refere como "bons costumes" (*buoni costumi* ou *buone consuetudine*), ao afirmar que:

> Não há leis nem mandamentos que bastem para frear a corrupção universal. Isto porque, como os bons costumes, para se manterem, precisam de leis, assim as leis, para serem observadas, precisam de bons costumes.[56]

Para Maquiavel, toda comunidade, república ou reino tem em si algo de bom em que baseia sua reputação, mas com o tempo essa reputação se corrompe. Para manter-se viva, tem de renovar-se pela volta aos princípios fundadores. Para ele:

> Essa volta em direção ao princípio (...) faz-se ou por acidente extrínseco ou por prudência intrínseca (...) e, renascendo, começa nova vida e nova virtude e retorna à obediência à religião e à justiça (...) e reconhecem-se os bons cidadãos e se dá mais valor à sua virtude (...).[57]

A partir desses ensinamentos que nos revelam um outro Maquiavel, ou talvez melhor, uma dimensão menos conhecida de seu pensamento, podemos cotejar a realidade atual, em que a mais grave crise econômico--financeira global dos últimos sessenta anos abalou a convicção de muitos nas virtudes do sistema de livre-iniciativa, do mercado concorrencial. Não só o capitalismo, palavra talvez semanticamente desgastada, mas a própria noção de mercado teria sofrido abalo tão profundo, que o Estado, por ter

---

56 Niccolò Machiavelli, "Discorsi sopra la prima Deca de Tito Lívio", in *Opere*, Mario Bonfantini (org.), Milão: Riccardo Ricciardi Editore, 1963, p. 140.
57 Ibid., Libro Terzo: "A volere che una setta o una republica viva longamente, è necessario ritirarla spesso verso il suo principio", esp. p. 309-314.

evitado o desmanche do sistema financeiro – o que aliás era de sua obrigação – ter-se-ia revelado mais virtuoso do que o mercado, enquanto a globalização teria funcionado como agravante, ao generalizar o risco sistêmico.

Em vez dessas conclusões apressadas, é necessário separar o joio do trigo, talvez salvando o capitalismo dos capitalistas, como propõem Rajan e Zingales, e procurar voltar aos sãos princípios do mercado concorrencial, da globalização e da intermediação financeira sadia, para aprimorá-los, não para podá-los através da exaltação do Estado. Óbvias virtudes, tais como a liberdade de iniciativa, a inovação, a criatividade, a competição leal, a busca de mais eficiência, a resposta ágil a desafios e oportunidades e o dinamismo quase espontâneo, "o espírito animal" de que falava Keynes, hão que ser reconhecidas e preservadas.

Keynes argumenta, em sua mais conhecida obra, que, dada a instabilidade tão frequente na economia, especialmente em momentos de crise, "uma alta proporção de nossas atividades positivas dependem mais de um otimismo espontâneo do que de uma expectativa matemática, quer moral, hedonística ou econômica". E conclui que:

> Provavelmente, a maioria de nossas decisões de fazer algo positivo, cujas plenas consequências só se desdobrarão ao longo de muitos dias, só podem ser o resultado de um espírito animal – de uma pulsão espontânea à ação, em vez de à inação, e não o resultado de uma média ponderada de benefícios quantitativos multiplicados por probabilidades quantitativas.[58]

É preciso deixar claro que o termo deriva da forma latina *spiritus animalis* e não significa espírito animalesco, surgido mais do corpo do que da mente. Ao contrário, é algo que vem da mente, da alma (que deriva da mesma raiz etimológica), é algo animado, ou, como expressa com propriedade um estudo recente sobre o tema, é uma energia mental e uma força vital".[59]

Esse espírito animal – espírito da alma – foge, portanto, à racionalidade econômica formal. É um modo de agir em um mundo de incerteza, imperfeição e instabilidade, especialmente em momento de crise de con-

---

58 John Maynard Keynes, *The General Theory of Employment, Interest and Money*, Londres: MacMillan, 1936, p. 161.
59 George A. Akerlof e Robert J. Shiller, *Animal Spirits: How human psychology drives the economy, and why it matters for the global capitalismo*, Princeton: Princeton University Press, 2009, p. 3.

fiança. Aceita, portanto, que a realidade seja complexa e volúvel. Nela o agente econômico é obrigado a tomar a decisão de agir, de investir ou de consumir, recorrendo à confiança em si mesmo e ao otimismo quanto às consequências que, incapaz de calcular, pode apenas imaginar. É um modo de agir típico do empreendedor em clima de mercado, cuja regulação, embora necessária, não deve sufocar-lhe a inclinação natural a inovar.

Essa convicção coincide com a tese de Edmund Phelps, que enfatiza a inovação e o dinamismo, o que pressupõe, naturalmente, o respeito à liberdade de o empreendedor agir, observadas, é claro, as regras do jogo. No Fórum Nacional de 2008, Phelps expôs seu ponto de vista com clareza:

> É verdade que uma economia de considerável dinamismo está em um rumo indeterminado, quando não há como determinar de antemão quais as novas ideias que irão emergir e que serão desenvolvidas na economia. Portanto, os próprios participantes não podem saber ao certo quais serão os resultados de suas próprias inovações empreendidas por outros. Mais precisamente, sequer as probabilidades das influências sobre o resultado são conhecidas e nem todas as influências são previsíveis – uma situação chamada incerteza knightiana. Muitas pessoas não têm apetite para serem empreendedores, após compreenderem que os empreendedores, precisam de 'espíritos animais' [isto é] que comprometer-se com um projeto realmente inovador é 'dar um salto no escuro'.[60]

Ação movida pelo "espírito animal", típico do empreendedor dinâmico e inovador, não se enquadra estritamente nem na ética da convicção, nem na ética das consequências, embora não lhes seja alheia, nem as desconsidere. Vai além do agir do capitalista tipicamente Weberiano, movido pelo risco calculado, na medida em que incorpora a distinção que o economista americano de meados do século passado, Frank Knight, traçou entre o risco calculado, capaz de ser traduzido em forma matemática e, assim, ser

---

60 Edmund Phelps, "Dinamismo e Inclusão. O quê? Por quê? Como?", in João Paulo dos Reis Velloso (coord.), *O Brasil e a economia criativa: um novo mundo nos trópicos*, Rio de Janeiro: José Olympio, 2008, p. 91.

objeto de um seguro ou de um *hedge*, e a incerteza, insubmissa a cálculos, mormente em épocas de crise de confiança.[61]

A confiança, nas belas palavras bíblicas, é "a pedra que os construtores desprezaram, e que se tornou a pedra angular". A consolidação da reputação da marca de um produto, de uma empresa ou de um país exige que ela inspire confiança.

Para as empresas, desempenho econômico e financeiro sólido e transparente, com total *disclosure*, é elemento importante para lastrear seu conceito. Mas não suficiente. Além dos elementos materiais, a consolidação de confiança exige conhecer-se a *alma* da empresa, a ideia da obra a realizar que Maurice Hauriou apontou ser a característica central de qualquer instituição.[62]

O trabalho de Amartya Sen, que deplora o divórcio entre ética e economia, insere-se em tendência mais ampla de redescoberta de uma nova ética dos negócios, de apreciação renovada das dimensões não materiais da economia e da empresa. De certa maneira, redescobre Max Weber, tanto em sua obra mais marcante – *A ética protestante e o "espírito" do capitalismo*[63] quanto na conferência magistral – a "Política como Vocação"[64] – em que se distingue a ética da convicção da ética da responsabilidade.

Esta última, ao preocupar-se com as consequências das ações, é uma ética focada no futuro, tanto para o indivíduo, a empresa e ao mercado quanto para o governo e o Estado. O Estado, enquanto guardião dos interesses permanentes e das aspirações nacionais, há que preocupar-se do presente sem perder de vista o futuro. Tem de avaliar o caminho percorrido, sim, mas concentrar sua atenção no caminho ainda a percorrer. Desenvolvimento e sustentabilidade são processos, não pontos de chegada, e, portanto, é essencial preservar a coerência intertemporal, seguir o imperativo da justiça intergeracional, e preocupar-se com as gerações a vir. Não se pode ceder à tentação do curto prazismo, mesmo que esta renda frutos imediatos e fácil popularidade. A contemporização com o presente, em de-

---

61 Frank H. Knight, *The Ethics of Competition*, New Brunswick: Transaction Publishers, 2004 (a edição original é de 1935). A referência é ao capítulo 8, "Interest" (p. 263), em que sustenta que "o elemento mensurável da incerteza, o risco propriamente dito, pode ser eliminado pelo conceito de seguro de alguma forma".

62 Maurice Hauriou, *Aux sources du droit: Le pouvoir, l'ordre et la liberté*, Paris: Librairie Bloud & Gay, 1933, p. 96-105.

63 Max Weber, *A ética protestante e o "espírito" do capitalismo*.

64 Max Weber, "Politik als Beruf".

trimento de uma abertura ao futuro, é uma "dessas formas de deslealdade com a história" que, segundo San Tiago Dantas, "não consegue ser (...) de duração prolongada".[65]

Em relação à empresa, citaria o já clássico *Built to Last* (Feitas para durar), no qual Collins e Porras afirmam que o amplo e longo esforço de pesquisa que realizaram levou à conclusão que "a característica fundamental das empresas mais duradouras e exitosas é o fato de se manterem fiéis ao ideário central, ao mesmo tempo que estimulam progresso e mudança em tudo que não faz parte desse ideário nuclear".[66]

Enquanto esses autores procuram identificar o que chamam de "empresas visionárias", Gilles Lipovetsky, por sua vez, enfoca a "empresa em busca de uma alma". Para ele, a "ética dos negócios é um símbolo característico da pós-modernidade que irrompe": "A preocupação de ordem moral deixou de ser algo periférico ou esporádico, passando a integrar o próprio núcleo estrutural da empresa, para além de suas responsabilidades estritamente legais".[67]

Lipovetsky acrescenta que:

> A moral da era pós-moralista (...) se configura mais propriamente como uma 'ética do futuro', tomando em consideração uma longa cadeia de causas e consequências. Por todos os lados, é a ética que se empenha em dar tempo ao tempo, em ampliar as perspectivas de futuro, em reconhecer primazia ao futuro contra os ímpetos desfocados de se ater exclusivamente ao instante atual.[68]

É, portanto, uma ética que se considera responsável pelo bem-estar econômico e ambiental das gerações futuras. Mas, como frisa, seguir a ética da responsabilidade não significa ausência de convicção.[69]

---

65 Francisco C. de San Tiago Dantas, *Ideias e rumos para a revolução brasileira: discurso como "Homem de Visão" de 1963*, Rio de Janeiro: José Olympio, 1963, p. 5.

66 Jim Collins e Jerry I. Porras, *Built to Last: Successful Habits and Visionary Companies*, New York: Harper Collins, 1997, p. 220.

67 Gilles Lipovetsky, *A sociedade pós-moralista*. Barueri, SP: Manole, 2005, esp. primeiro item do Capítulo 7: "A Empresa em busca de uma alma", p. 224-236. A citação está nas páginas p. 230 e 231.

68 Ibid., p. 233

69 Gilles Lipovetsky, "L'âme de l'entreprise: mythe ou réalité", in *Métamorphoses de la culture libérale: Éthique, médias, entreprise*, cap. III, Montreal: Éditions Liber, 2002, p. 85.

Incluir a ética como um valor central da empresa não autoriza usá-la apenas como *markethics* – marquética. Ela deve corresponder a um compromisso real, não ser utilizada apenas como bandeira mercadológica. O retorno da ética na empresa, assim como da ética na política, mostra que a sociedade de hoje tornou-se mais rigorosa ao avaliar as ações tanto empresariais quanto políticas, muito embora essa nova tendência ainda concorra com um pragmatismo curto-prazista sem compromisso com exigências éticas – que alguns chamam de *praxismo* – de que são exemplos eloquentes e preocupação dos gestores privados com os resultados trimestrais, em detrimento da sustentabilidade das empresas, e a dos administradores públicos com os resultados eleitorais periódicos (tanto nos Estados Unidos quanto no Brasil a cada dois anos), em vez de focar prioritariamente o Bem Comum, a *res publica* no horizonte do tempo que flui.

Em contraste, é de desejar-se que gestores empresariais e autoridades políticas privilegiem visões de amplo espectro e longo prazo, evitando retrocessos e defendendo a confiança e o conteúdo ético, tanto da ação empresarial quanto da ação governamental. É longo e penoso o processo de construção de uma reputação – de comportamento ético, responsabilidade social e sustentabilidade ambiental –, mas pode ser curto o processo de sua desconstrução, se qualquer surpresa inesperada, imprevidência ou desvio de comportamento vierem a plantar uma semente de dúvida quanto à sinceridade e firmeza com que os valores nucleares, as ideias-força, são preservadas, tanto em épocas de euforia quanto de crise.

Voltando ao dilema Estado *versus* mercado, é crucial encontrar um equilíbrio entre um e outro. Para isso, será útil resgatar o princípio da subsidiariedade, que tem sido essencial para harmonizar um sistema de direção central, mas de aplicação descentralizada, como o vigente na União Europeia. Ao mercado caberá a responsabilidade de produzir os bens e serviços necessários à vida digna da sociedade, valendo-se para isso de sua capacidade de inovar e de operar com agilidade e eficácia, enquanto ao Estado caberá a responsabilidade de regular, fiscalizar e arbitrar em última instância e, ainda, de agir e fazer valer sua autoridade nas áreas em que o mercado foi incapaz de se desincumbir de tarefas essenciais à comunidade.

Em boa hora, o papa Bento XVI, que certamente não pode ser acusado de complacente na condenação severa aos desvios de conduta do mundo moderno, e que com firmeza rechaça tanto fundamentalismos quanto relativismos, veio alertar-nos, na sua já citada encíclica de fins de junho de 2009, que "a crise torna-se uma oportunidade para moldar uma nova visão para o futuro".[70]

Longe do pensamento dos que chegaram a apregoar, entre nós, "que o mercado se afogou", ou até que "o deus mercado morreu",[71] Bento XVI sustenta que:

> Em clima de confiança mútua, o mercado é a instituição econômica que permite o encontro entre pessoas, na medida em que são atores econômicos, que fazem uso de contratos para trocar bens e serviços entre si, de valor equivalente, a fim de satisfazer suas necessidades e desejos.

Após afirmar que o mercado está sujeito aos princípios de justiça comutativa, lembra que a "Igreja incessantemente enfatiza [também] a importância da justiça distributiva e da justiça social para a economia de mercado".[72]

Esses princípios que devem reger o mercado também se aplicam ao Estado. É um claro empobrecimento do debate público, no Brasil, que a reforma previdenciária esteja sendo discutida, por proponentes e opositores, quase que exclusivamente por sua viabilidade financeira, em detrimento de outros princípios fundamentais, como o da justiça distributiva e intergeracional, que, só por si, exigiriam que a previdência pública fosse elevada a prioridade inadiável do debate nacional. Aliás, na avaliação de qualquer política fiscal, sobretudo na medida em que se levar em conta passivos explícitos ou recônditos – financeiros, ambientais ou de outra ordem – o respeito à justiça intergeracional é imposição ética incontornável. Como nos adverte Achim Steiner, o economista teuto-brasileiro que em 2009 era responsável pela direção o Programa das Nações Unidas para o Meio Ambiente:

---

70 Bento XVI, *Caritas in Veritate*, § 22.

71 Essa triste tirada, de que os defensores da liberdade econômica – hoje demonizados como "neoliberais" seriam adoradores de um "deus mercado" não é nova, mas tem mobilizado alguns anacrônicos comentadores, de que é típica a obra de Dany-Robert Dufour, *O Divino mercado: a revolução cultural liberal* (Procópio Abreu [trad.], Rio de Janeiro: Companhia de Freud, 2009). Os populistas de plantão, entre nós, sobretudo após a crise financeira, incorporaram a ideia de seu preconceituoso receituário.

72 Bento XVI, *Caritas in Veritate*, § 35.

Os governos ainda gastam US$ 300 bilhões por ano em subsídios a atividades poluentes, ligadas ao consumo de combustíveis fósseis, como os carros. Você não pode pegar US$ 2 trilhões a US$ 3 trilhões emprestados da próxima geração, para montar pacotes contra a crise, e investir em tecnologias de ontem. Precisa apostar nas de amanhã, em técnicas modernas de construção, eficiência energética, transporte público e agricultura sustentável.[73]

Voltando à *Caritas in Veritate*, Bento XVI lembra que:

A Igreja sempre sustentou que o agir econômico não pode ser considerado algo oposto à sociedade. *De per si*, o mercado não é, nem deve tornar-se, o lugar em que o forte subjugue o fraco. A sociedade não precisa se proteger do mercado, como se o desenvolvimento desse implicasse *ipso facto* a morte da autenticidade nas relações humanas. É verdade que o mercado pode tornar-se uma força negativa, não porque isto seja de sua natureza, mas porque uma certa ideologia pode dirigi-lo nessa direção. (...) A economia e as finanças, enquanto instrumentos, podem ser mal utilizadas, quando aqueles que as estiverem dirigindo forem motivados por fins egoístas. Instrumentos que são bons em si podem, assim, ser transformados em instrumentos danosos.[74]

Bento XVI lembra que já João Paulo II sustentava que o sistema social não deveria restringir-se ao binômio Estado-mercado, mas sim ter três sujeitos: o mercado, o Estado e a sociedade civil,[75] posição também sustentada por muitos outros pensadores modernos, entre os quais Elinor Ostrom, como já delineado.

Ao finalizar, limitar-me-ei à referência papal a outro item importante, mas controvertido, – a globalização. A referência é relevante por datar dos meados de 2009, quando tantas outras interpretações simplistas estavam sendo propostas como verdades incontestáveis.

A Globalização é às vezes vista em termos fatalísticos, como se a dinâmica envolvida fosse o produto de forças anônimas impessoais e estruturas independentes da vontade humana. Nesse sentido, é útil lembrar que, se a globa-

---

73 Achim Steiner, "O futuro não virá dos carros", Época, nº585, de 3 ago 2009, p. 68-70.
74 Bento XVI, *Caritas in Veritate*, § 36.
75 Ibid., § 38.

lização deve, sem dúvida, ser entendida como um processo socioeconômico, esta não é sua única dimensão. Sob o processo mais visível, a própria humanidade está se tornando interligada, tal realidade é construída por indivíduos e povos a quem o processo deve oferecer benefícios e desenvolvimento.

Bento XVI conclui que "a globalização *a priori* não é nem boa nem má. Ela será aquilo que as pessoas fizerem dela".[76]

Urge, assim, afastados clichês que mais confundem do que esclarecem, procurar construir uma nova visão para o futuro do Brasil, enfrentando desafios, aproveitando oportunidades e evitando eventuais armadilhas do mundo pós-crise. Embora possivelmente menos exuberante, esse novo mundo será mais intenso em conhecimento, mais respeitoso ao meio ambiente, mais exigente em termos de justiça social, mais competitivo e eficiente, sobretudo no uso de fontes de energia renováveis e não poluentes. Temos que usar os processos e paradigmas do amanhã, sem desprezar o presente, nem esquecer o passado. Voltemos a honrar os valores tão gratos a nossos maiores e melhores. E para guiar-nos nessa senda, relembremos o legado que deles recebemos, retornando aos princípios que os inspiraram e que, hoje, tornaram-se preceito constitucional: legalidade, impessoalidade, transparência, moralidade e eficiência.[77]

Urge que o Estado, o mercado e a sociedade civil reaprendam – já que parecem ter esquecido – a mostrar apreço à confiança, à verdade, à perseverança, à obediência à lei, ao respeito à coisa pública e à propriedade privada, à solidariedade com o outro, assim como ao compromisso com as qualidades morais mais nobres que, só elas, serão capazes de emprestar sentido pleno ao viver em sociedade, substituindo fúteis deslumbramentos ou estéreis pessimismos por tranquila segurança, enobrecedora dignidade e renovada esperança no porvir.

Rio de Janeiro, em 30 de março de 2010

---

76 Ibid., § 42.
77 *Constituição da República Federativa do Brasil*, caput do artigo 37.

Notas biográficas

ACHIM STEINER

Teuto-brasileiro, nascido em 1961, no Brasil, onde viveu os seus primeiros dez anos, é perito em Política Ambiental. Estudou filosofia, ciências políticas e economia na Universidade de Oxford. Em 1998, se tornou secretário-geral da Comissão Mundial de Barragens (CMB) na Cidade do Cabo, África do Sul. Nesta qualidade, elaborou um programa de trabalho global de aproximação do setor público, sociedade civil e setor privado, em um processo de política global de barragens e desenvolvimento. De 2001 a 2006 foi diretor-geral da União Internacional para a Conservação da Natureza e dos Recursos Naturais (IUCN). Foi diretor-executivo da Organização das Nações Unidas para o Meio Ambiente (PNUMA) e, desde de 2017, chefia o Programa das Nações Unidas para o Desenvolvimento (PNUD).

AMARTYA SEN

Nascido em 1933, o economista indiano ganhou o prêmio Nobel de Economia em 1998. Seus trabalhos teóricos contribuem para uma nova compreensão dos conceitos sobre miséria, fome, pobreza e bem-estar social. Aprofundou o estudo das economias dos países em desenvolvimento e as condições de vida das populações mais pobres do planeta. Em 1981 escreveu seu livro mais conhecido, *Pobres e famintos: um ensaio sobre direito e privação*. Analisando catástrofes na Índia, em Bangladesh, na Etiópia e no Saara africano, o economista concluiu que a escassez de comida não é a principal causa da fome e, sim, a falta de organização para produzir e distribuir os alimentos.

ARISTÓTELES

Filósofo grego, viveu de 384 a.C. a 322 a.C. Com dezoito anos, ingressou na Academia Platônica, onde permaneceu por vinte anos, até a morte do mestre. Foi preceptor de Alexandre, o Grande, na época um jovem de treze anos. Mais tarde, em Atenas, funda sua própria escola. Considerado um dos maiores pensadores de todos os tempos e criador do pensamento lógico, escrever sobre todas as ciências, constituindo algumas desde os primeiros fundamentos e organizando outras em conjuntos de doutrinas.

BENJAMIN FRANKLIN

Nascido em 1706 e falecido em 1790, o cientista, escritor e estadista americano é um dos grandes heróis da independência dos Estados Unidos. Criou na Filadélfia o corpo de bombeiros, fundou a primeira biblioteca circulante dos Estados Unidos e uma academia, que depois se tornou a Universidade da Pensilvânia. Também teve forte atuação contra a escravidão. As atividades intelectuais de Franklin abrangem os mais variados ramos do conhecimento humano, das ciências naturais, educação e política às ciências humanas e artes. Escreveu inúmeros ensaios, artigos e panfletos. Uma de suas obras mais importantes é *Autobiography*, publicada postumamente (1791).

BENTO XVI

Nascido na Baviera, em abril de 1927, Joseph Ratzinger foi eleito como o 266º papa – escolhendo o nome de Bento XVI – em 2005, aos 78 anos, sucedendo João Paulo II. O papa Bento XVI esteve no Brasil em maio de 2007 para dar início à quinta Conferência Geral do Episcopado Latino-americano e Caribenho, no Santuário de Aparecida, em São Paulo. Foi nessa ocasião que se deu a canonização de São Frei Galvão, o primeiro santo brasileiro. Tem cerca de 600 obras publicadas. *Caritas in Veritate* é a primeira encíclica de Bento XVI versando sobre vários temas socioeconômicos. Em 28 de fevereiro de 2013, oficializou sua abdicação ao posto, permanecendo desde então como bispo emérito da Diocese de Roma.

BERNARDINO DE SIENA

Nascido na Toscana em 1380, e falecido em 1444, São Bernardino de Siena foi canonizado pelo papa Nicolau V em 1450. Conhecido como "Apóstolo da Itália", foi um missionário, reformador e economista escolástico. Foi um grande sistematizador da economia escolástica depois de Tomás de Aquino, e o primeiro teólogo a escrever toda uma obra dedicada à Economia. Em *Sobre os contratos e a usura*, versava sobre a justificação da propriedade privada, sobre a ética do comércio, a determinação do valor e dos preços e a questão da usura. Bernardino observou que o empresário é dotado por Deus de uma combinação especial de dons e talentos, sendo o lucro, o retorno legítimo de seu trabalho, despesas e riscos que assume.

CHANDRAGUPTA MAURYA

Indiano nascido em 340 a.C., reinou de 320 a 298 a.C. Fundou o Império Maurya que, pela primeira vez, abrangeu a maior parte do continente indiano e, por isso, é considerado o primeiro unificador e imperador da Índia. Abdicou do trono, entregando o Império ao filho Bindusara. Converteu-se ao Jainismo e viveu como um monge devoto, aceitando a morte por inanição, de acordo com as convenções Jain.

D. JOSÉ I

Sucedeu seu pai, D. João V, em 1750. Com o intuito de renovar as ultrapassadas estruturas administrativas, jurídicas e políticas do país, D. José I reuniu personalidades que se opunham à política seguida no reinado de seu pai. Apesar de ter atravessado uma grave crise econômica até 1770, o reinado de D. José I é marcado pela criação e reforma de instituições, principalmente no campo econômico e educativo, o que lhe rendeu o codinome "o Reformador".

EDMUND PHELPS

Prêmio Nobel de Ciências Econômicas em 2006 (foi o primeiro a receber sozinho o prêmio da categoria desde 1999) por seu trabalho de análise de política econômica, que culminou na teoria da taxa de desemprego sem aceleração da inflação. O economista americano, nascido em 1933, é conhecido também por propor a regra de ouro da poupança, que é a taxa de investimento que permite a estabilização do consumo a longo prazo. Doutorado pela Universidade de Yale, é atualmente professor de Economia da Universidade de Columbia.

ELINOR OSTROM

Nascida em 1933 e falecida em 2012, foi uma cientista política americana. Ela desenvolveu uma linha de pesquisa na área de bens comuns influenciada pela nova economia institucional. Seu trabalho descreveu a formação de uma relação sustentável entre o homem e os ecossistemas, através de arranjos institucionais que se desenvolveram ao longo de milhares de anos. Recebeu o prêmio Nobel de Ciências Econômicas de 2009, juntamente com Oliver Williamson, pela análise da governança econômica, especialmente dos bens comuns. Foi a primeira mulher a receber esse prêmio.

FAMÍLIA FUGGER

Importante família alemã de banqueiros que se distinguiu por seu poder financeiro e pelo papel desempenhado na economia europeia dos séculos XV e XVI. Tinha bastante influência nas questões políticas do continente. A fortuna da família teve origem na indústria têxtil, quando Johannes Fugger instalou-se com uma manufatura em Augsburg, Alemanha, em 1367. No entanto, o declínio da monarquia espanhola, a partir de 1557, culminaram com um violento golpe nos negócios da família. A companhia acabaria por ser dissolvida após a Guerra dos Trinta Anos (iniciada na Boêmia, em 1618, envolvendo luteranos e católicos).

FAMÍLIA MEDICI

Família de banqueiros e mecenas que conduziu os destinos de Florença entre os séculos XV e XVIII. Entre os Medici destacam-se Cosme, o Velho, e seu neto, Lorenzo, o Magnífico. O primeiro ampliou as atividades comerciais e bancárias da família para França, Inglaterra e Borgonha, além de fundar a Academia Platônica. Já Lorenzo representou as ideias do Renascimento italiano. Patrocinados pelos Medici, artistas como Donatello, Botticelli, Michelangelo, Leonardo da Vinci e Galileu Galilei, entre outros, fizeram de Florença um dos maiores centros de arte do mundo. Segundo a Unesco, 60% dos tesouros artísticos da humanidade estão na Itália, metade dos quais em Florença.

FAREED ZAKARIA

Filho do escritor e político indiano Rafiq Zakaria, nasceu em Bombaim, Índia, em 1964. Doutorado em Ciência Política em Harvard, atua também como jornalista. Zakaria apresenta na rede de notícias CNN o programa "Fareed Zakaria GPS", discutindo os principais temas da política externa, além de manter uma coluna semanal para o jornal *The Washington Post*. Foi editor da *Newsweek International* entre 2000 e 2010, e colunista e editor eventual da revista *Time*. Entre suas obras, estão: *The Future of Freedom: Illiberal Democracy at Home and Abroad, From Wealth to Power*, e *The American Encounter: The United States and the Making of the Modern World. Essays from 75 years of Foreign Affair*.

FERNANDO SAVATER

Um dos mais populares pensadores da Espanha, o escritor e filósofo, nascido em 1947, é autor de vários romances, peças de teatro e ensaios filosóficos, literários e políticos. Colabora regularmente com o jornal *El País* e é codiretor da revista *Razão Prática*. Tem lutado incessantemente contra o terrorismo.

FRANCIS FUKUYAMA

Yoshihiro Francis Fukuyama, nipo-americano, nascido em Chicago, Estados Unidos, em 1952, é filósofo e economista político. Ganhou notoriedade com o polêmico ensaio "O fim da história e o último homem", lançado em 1989, poucos meses antes da queda do Muro de Berlim, no qual decretou a morte do Comunismo e a vitória da Democracia de mercado. Fukuyama defende que "o ponto básico de seu livro – que a democracia liberal é a melhor forma de governo – ainda continua correto, isto é, que para qualquer sociedade que queira ser moderna, não há alternativa a não ser uma economia de mercado e um sistema político democrático".

FRANCISCO CLEMENTINO DE SAN TIAGO DANTAS

Carioca, nascido em 1911 e falecido em 1964, San Tiago Dantas foi um dos mais influentes políticos brasileiros durante os anos que antecederam o golpe de 1964. Foi um dos protagonistas da chamada política externa independente. A partir de 1952, tornou-se membro da Corte Permanente de Arbitragem de Haia. De 1957 a 1958, como diretor do *Jornal do Commercio*, dedicou editoriais – as chamadas "Várias" – à política externa e, em 1959, colaborou na redação e discussão da Declaração de Santiago do Chile, um dos mais importantes documentos do Sistema Interamericano, ao elevar a democracia a valor a ele inerente. Foi eleito deputado federal por Minas Gerais pelo Partido Trabalhista Brasileiro (PTB), em 1959, e, dois anos depois, assumiu o Ministério das Relações Exteriores do governo parlamentarista de João Goulart, abandonando a prática de alinhamento automático com os Estados Unidos e procurando um lugar próprio para o Brasil no cenário mundial. Em 1963 ocupou o Ministério da Fazenda, afastando-se da política com o golpe de 1964. Escreveu, entre outras obras, *Problemas de direito positivo* (1952), *A Educação jurídica e a crise brasileira* (1955) e *Dom Quixote, um apólogo da alma ocidental* (1948).

FRANK KNIGHT

Conceituado economista americano, nascido em 1885 e falecido em 1972. Seu foco era a filosofia, mas logo mudou para a economia. Foi também um dos fundadores da chamada Escola de Chicago. Knight fez sua reputação com o livro *Risk Uncertainty and Profit* (Incerteza do risco e lucro), baseado em sua tese de doutorado, no qual faz uma distinção entre risco e incerteza, respaldado na ideia de que os riscos são uma incerteza que se pode medir e quantificar, usando cálculos de probabilidade, enquanto a incerteza não permite tal mensuração.

GILLES LIPOVETSKY

Francês, nascido em 1944. É um dos nomes mais criativos e polêmicos do pensamento filosófico contemporâneo, com participação importante na renovação do ensino de filosofia na França. Professor da Universidade de Grenoble, Lipovetsky é autor do termo Hipermodernidade, que caracteriza a cultura do excesso. Em suas principais obras, sobretudo em *A era do vazio*, analisa uma sociedade pós-moderna, marcada, segundo ele, pelo desinvestimento público, pela perda de sentido das grandes instituições morais, sociais e políticas, e por uma cultura aberta.

HAMURABI

Nascido supostamente por volta de 1810 a.C. e falecido em 1750 a.C., foi o sexto rei da primeira dinastia babilônica. Durante seu reinado, conquistou a Suméria e a Acádia, tornando-se o primeiro rei do Império Babilônico. Tornou-se conhecido por ter mandado compilar o mais antigo código de leis escritas, o *Código de Hamurabi*, no qual consolidou uma legislação pré-existente, transcrevendo-a em três alfabetos distintos. O *Código de Hamurabi* protegia a sociedade, a família, o trabalho e a vida humana.

HESÍODO

Poeta da Grécia Antiga, que viveu por volta de 800 a.C. Com ele surge o subjetivo na literatura. Entre suas grandes obras destacam-se *Os trabalhos e os dias*, que enaltece a vida tranquila do campo e os esforços dos camponeses, com o objetivo de propiciar princípios morais à juventude para afastá-la das atividades de guerra em prol das agrícolas e *Teogonia*, uma história da criação do mundo ("No princípio era o caos..."), que explica o nascimento e genealogia dos deuses do Olimpo e dos heróis.

HOMERO

Considerado o maior poeta grego, teria vivido no século VIII a.C., período correspondente com o ressurgimento da escrita na Grécia. Consagrou o gênero épico com as obras *Ilíada*, que narra a Guerra de Troia e é associada a reflexões sobre a vida do homem e sua relação com os deuses; e *Odisseia*, que conta as aventuras do herói Ulisses em sua volta para a ilha de Ítaca. Ambas reconstituem com riqueza de detalhes a civilização grega.

IMMANUEL KANT

Alemão (de Königsberg, antiga Prússia), nasceu em 1724 e faleceu em 1804. É considerado o último grande filósofo dos princípios da Era Moderna e um dos seus pensadores mais influentes: "Age de maneira tal que a máxima de tua ação sempre possa valer como princípio de uma lei universal." Ao fundamentar na razão os princípios gerais da ação humana, Kant desenvolveu as bases da ética moderna. Sua obra mais importante, *Crítica da razão pura*, discute os limites, possibilidades e aplicações do conhecimento. Em *Crítica da razão prática*, o filósofo discute os princípios da ação moral, a ação do homem em relação aos outros e a conquista da felicidade. Outros destaques da obra de Kant são *Fundamento da metafísica dos costumes* e *Crítica do juízo*. Kant viveu em uma época marcada pelo processo de independência americana e pela Revolução Francesa.

JAMES COLLINS E JERRY PORRAS

Os professores James Collins e Jerry Porras criaram o termo Big Hairy Audacious Goal (BHAG) em seu artigo de 1996, intitulado "Building your Company's Vision" (Construindo a visão da sua empresa), no qual incentivam as empresas a definir metas mais estratégicas e emocionalmente convincentes. Também usaram este conceito no livro *Built to Last: Successful Habits of Visionary Companies* (Feitas para durar: práticas bem-sucedidas de empresas visionárias), no qual estudam dezoito empresas visionárias e seculares – algumas com quase cem anos de existência e desempenho superior ao da média do mercado acionário desde 1926 – exibindo os fatores que as levaram a se tornar líderes em seus setores.

JAMES SAMUEL COLEMAN

Nascido em 1926 em Indiana, Estados Unidos, e falecido em 1995. Dedicou-se à sociologia da educação e às políticas públicas. Lecionou nas universidades John Hopkins e Chicago e, em 1991, foi eleito presidente da American Sociological Association. Ganhou notoriedade em 1966 ao apresentar ao congresso dos Estado Unidos um relatório no qual afirmava que o desempenho escolar das crianças negras e pobres em escolas de classe média era melhor onde não havia segregação racial. Seu conceito de *capital social* difundiu-se mundialmente com a publicação, em 1994, da obra *Comunidade e democracia*, de Robert Putnam, que utiliza esse conceito.

JEAN-PIERRE LEHMANN

Professor de Políticas Econômicas Internacionais, leciona no International Institute for Management Development (IMD), uma das principais escolas de negócios do mundo, na Suíça. Em 1995, fundou o grupo Evian, uma coalizão internacional de empresas, governos e líderes de opinião, unida pela visão comum de aumentar a prosperidade global para o benefício de todos, promovendo uma economia de mercado aberta, inclusiva e equitativa de regras. O grupo exerce liderança mundial no comércio global e de investimento, como fórum de diálogo e berço de ideias. Lehmann é autor de inúmeros livros, artigos e trabalhos que tratam, principalmente, da história moderna da Ásia Oriental, Sudeste da Ásia e da economia política internacional.

JOÃO CALVINO

Nascido em 1509 e falecido em 1564, foi o fundador da Igreja protestante em Genebra, movimento que se tornou conhecido como Calvinismo. Desenvolveu teorias políticas que defendiam o governo constitucional e representativo, o direito do povo de mudar o governo e a separação entre o governo civil e o governo da Igreja. Para promover a reforma, Calvino escreveu sobre política, problemas sociais e relações internacionais como sendo de responsabilidade cristã. Entre suas obras, destaca-se *Institutos da religião cristã*, que apresenta suas ideias básicas sobre religião, em que se sobressai a doutrina da predestinação.

JOÃO PAULO II

Karol Józef Wojtyla, o papa João Paulo II, nasceu em Wadowice, Polônia, em 1920, e faleceu no Vaticano em 2005. Sucedeu ao papa João Paulo I, tornando-se o primeiro papa não italiano em mais de quatrocentos anos e o primeiro de origem polonesa. Teve o terceiro pontificado mais longo da história do catolicismo, com duração de 26 anos, e foi o primeiro papa no terceiro milênio. Viajando por todo o mundo, ele defendeu a paz, os Direitos Humanos, as liberdades individuais e combateu o totalitário bloco soviético, contribuindo para o fim da Guerra Fria. Buscou aproximar a Igreja católica de outras religiões e culturas e pediu desculpas pela Inquisição.

JOHN MAYNARD KEYNES

Primeiro Barão de Keynes, natural de Cambridge, Inglaterra, nasceu em 1883 e faleceu em 1946. Suas ideias influenciaram a macroeconomia moderna. Defendeu uma política econômica de Estado atuante, através da qual os governos usariam medidas fiscais e monetárias para mitigar os efeitos adversos dos ciclos econômicos, recessão, depressão e *booms*. Seu trabalho deu origem a uma escola de pensamento que ficou conhecida como economia keynesiana. A partir da Segunda Guerra Mundial, as ideias econômicas de Keynes foram adotadas por muitas potências econômicas do Ocidente.

JOSEPH SCHUMPETER

Um dos mais importantes economistas do século XX, nasceu em Triesch, Morávia, (parte oriental da atual República Tcheca) em 1883 e faleceu em 1950. Suas principais obras foram *A natureza e a essência da economia política*, *Teoria do desenvolvimento econômico* e *Capitalismo, socialismo e democracia*. Sua teoria do ciclo econômico é fundamental para a ciência econômica contemporânea. A razão, segundo o autor, para que a economia saia de um estado de equilíbrio e entre em um *boom* (processo de expansão) é o surgimento de alguma inovação.

KARL MARX

Nasceu em 1818 e faleceu em 1883, em Londres. Filósofo e economista alemão, é o fundador da doutrina marxista moderna. Conhece Friedrich Engels em 1844, dando início a uma amizade que duraria a vida toda. Em 1848, Marx e Engels publicam *O Manifesto Comunista*, primeiro esboço da chamada teoria marxista. Em 1864, Marx ajuda a fundar a Associação Internacional dos Trabalhadores, a Primeira Internacional. Em 1867, publica o primeiro volume de sua obra histórica, *O capital*. Participa da fundação, em 1875, do Partido Social-Democrata alemão. Após sua morte, Engels edita os volumes II e III de *O capital*, em 1885 e 1894, respectivamente. Outros textos foram publicados por Karl Kautsky como volume *IV* (1904-1910).

KAUTILYA

Estadista e filósofo indiano, viveu entre 350 a.C. e 283 a.C. Nascido na casta Brahman (a mais alta da sociedade hindu), foi primeiro-ministro do rei Chandragupta. É autor do clássico tratado político denominado *Arthashastra*. A obra (escrita entre 321 e 300 a.C.) compila quase tudo o que já havia sido escrito na Índia sobre a chamada *artha*: economia, prosperidade material e riqueza. O texto foi influente até o século XII, quando desapareceu. Redescoberto por R. Shamasastry, foi publicado em 1909. O pensamento e o tratado de Kautilya são considerados como verdadeiras antecipações das ideias de Maquiavel, conforme expostas em *O Príncipe*.

KEITH SNAVELY

Nascido em 1949 e falecido em 2016, Snavely foi professor de Ciências Políticas da SIUC (Southern Illinois University Carbondale) até sua aposentadoria em 2010. Conduziu pesquisas na área de administração de ONGs. Foi responsável pela investigação sobre as relações entre o Estado e ONGs na Rússia. Em 2004, concluiu um projeto de cinco anos com a Academia de Serviço do Governo da Rússia.

LUIGI ZINGALES

PhD em Economia pelo Massachussets Institute of Technology (MIT), Zingales é professor de Empreendedorismo e Finanças da Escola Booth de Negócios da Universidade de Chicago. Tem vários livros, ensaios e estudos publicados. Estuda a teoria da empresa, a relação entre a organização e o financiamento. Em 2015, foi presidente da Associação Americana de Finanças. Seu livro *Salvando o capitalismo dos capitalistas*, em coautoria com G. Raghuram Rajan, foi considerado por especialistas como "uma das defesas mais poderosas do mercado livre já escritas".

LYA LUFT

Romancista, poetisa, tradutora, professora universitária, escreveu por treze anos uma coluna na revista *Veja*. Nascida em 1938, em Santa Cruz do Sul, Rio Grande do Sul, iniciou sua vida literária nos anos 1960, como tradutora de obras em alemão e inglês, tendo traduzido mais de cem livros. Entre outras, destacaram-se traduções de Virginia Woolf, Rainer Maria Rilke, Hermann Hesse, Doris Lessing, Günter Grass e Thomas Mann. Conhecida por sua luta contra os estereótipos sociais, já escreveu e publicou romances, coletâneas de poemas, crônicas, ensaios e livros infantis.

MARQUÊS DE POMBAL

Sebastião José de Carvalho e Melo, o Marquês de Pombal, nascido em Lisboa em 1699, e falecido em 1782, foi a maior representante do Despotismo Esclarecido em Portugal no século XVIII (modo reformista que visava acelerar o processo de modernização de países). Foi secretário de Estado do Reino (primeiro-ministro) do rei D. José I (1750-1777). Com poderes quase absolutos, realizou um programa político, de acordo com os princípios do Iluminismo, embora em economia se filiasse ao mercantilismo tardio. Marquês de Pombal aboliu a escravidão nas Índias Portuguesas, iniciou reformas administrativas, econômicas e sociais, desenvolveu o comércio colonial, isentou impostos para exportações, fundou o Banco Real, expulsou os jesuítas de Portugal e modernizou o exército.

MARTINHO LUTERO

Considerado o *pai do protestantismo*, esse monge agostinho e teólogo alemão nasceu em 1483 e faleceu em 1546. O movimento reformista cristão teve início com a publicação das 95 teses de Lutero, que protestou contra diversos pontos da doutrina da Igreja católica, propondo uma reforma ao catolicismo. Apoiado por religiosos e governantes europeus, provocou uma revolução. A Igreja católica respondeu com a Contrarreforma. A consequência da Reforma Protestante foi a divisão da chamada Igreja do Ocidente entre os católicos romanos e os reformados ou protestantes, originando o protestantismo.

MAURICE HAURIOU

Francês nascido em 1856 e falecido em 1929, foi advogado, professor e diretor da Faculdade de Direito de Toulouse no período de 1906 a 1926. Escreveu sobre a *teoria da instituição* e o direito público. Sua obra é um comentário sobre o poder, a ordem e a liberdade. Apresenta visão do Estado como de natureza pública. O Estado não é um fim em si mesmo, mas, sim, um instrumento utilizado em prol do interesse público. Deve-se a ele o pioneirismo na idealização e no estudo da moralidade administrativa. Comentou os princípios do direito natural e as formas do direito positivo.

MAX WEBER

Intelectual alemão, jurista e economista, é considerado um dos fundadores da sociologia. Nascido em 1864 e falecido em 1920, filho de uma família de alta classe média, sua obra constitui um momento de compreensão dos fenômenos históricos e sociais e, ao mesmo tempo, da reflexão sobre o método das ciências histórico-sociais. Entre seus principais trabalhos, destacam-se *A ética protestante e o "espírito" do capitalismo* e *Economia e sociedade*.

NICOLAU MAQUIAVEL

Nasceu, viveu e morreu em Florença, Itália, de 3 de maio de 1469 a 21 de junho de 1527. Foi historiador, poeta, diplomata e músico italiano do período que ficou conhecido como Renascimento. É reconhecido como fundador do pensamento e da ciência política moderna, pelo fato de haver escrito sobre o Estado e o governo como realmente são. Entre suas obras, destaca-se *O Príncipe*, na qual Maquiavel expressa a necessidade (dele e do povo italiano) por um monarca que fosse um legítimo líder, que defendesse seu povo sem medir esforços.

OCTÁVIO DE FARIA

Jornalista e escritor, nasceu no Rio de Janeiro em 1908 e faleceu em 1980. Bacharel em Direito, não exerceu a advocacia, preferindo dedicar-se à literatura. Sua primeira publicação é o texto político *Maquiavel e o Brasil* (1931). Ganhou prestígio como romancista, com *Tragédia burguesa*, em treze volumes, considerado um dos projetos mais audaciosos da literatura brasileira. Foi eleito em 1972 para a Academia Brasileira de Letras. Ocupou vários cargos políticos, como diretor da Escola de Filosofia e Letras da Universidade do Distrito Federal (1936) e membro do Conselho Federal de Cultura, pertencente à Câmara de Artes (1969-1974).

PLATÃO

Discípulo de Sócrates, nasceu (entre 428/427 a.C.) e faleceu (entre 348/347 a.C.) em Atenas. Filósofo do período clássico da Grécia Antiga, foi autor de diversos diálogos filosóficos e fundador da Academia em Atenas. Juntamente com seu mentor, Sócrates, e seu pupilo, Aristóteles, Platão ajudou a construir os alicerces da filosofia natural e da ciência. Seus conceitos se baseavam na diferenciação do mundo entre as coisas sensíveis (mundo das ideias e a inteligência) e as coisas visíveis (seres vivos e a matéria). Platão valorizava o debate e a conversação como meios de alcançar o conhecimento. Para o filósofo, a educação deveria funcionar como forma de desenvolver o homem moral.

RAGHURAM GOVIND RAJAN

O economista indiano, nascido em 1963, foi conselheiro econômico e diretor de investigação (economista-chefe) do Fundo Monetário Internacional (FMI) de 2003 a 2006, sendo até agora a pessoa mais jovem a ocupar o cargo. É coautor com Luigi Zingales da obra *Salvando o capitalismo dos capitalistas*, na qual defende que somente mercados financeiros sadios e concorrenciais podem ser uma ferramenta eficaz na difusão de oportunidades, no combate à pobreza e, principalmente, no crescimento econômico. É professor de Finanças da Escola Booth de Negócios da Universidade de Chicago.

RAYMOND DE ROOVER

Historiador pós-guerra, nascido em 1904 e falecido em 1972, foi um pesquisador do mundo financeiro do fim da Idade Média e do Renascimento. Lecionou em várias universidades europeias e americanas, como Harvard University, University of Chicago, e Brooklyn College. Foi um dos primeiros a lançar uma nova ideia sobre a importância da análise da contribuição escolástica sobre preço, dinheiro e teoria do valor. Pouco antes de sua morte, de Roover escreveu um ensaio sobre transações de câmbio, usado como exemplo para mostrar a inventividade econômica que ocorria dentro do magistério da Igreja.

RENATO JANINE RIBEIRO

O filósofo paulista, nascido em 1949, é professor titular de Ética e Filosofia Política na Universidade de São Paulo (USP). Sua pesquisa inicial tratou do filósofo inglês Thomas Hobbes, a quem dedicou seu mestrado (Sorbonne, 1973) e seu doutorado (USP, 1984). Após publicar *A marca do Leviatã* e *Ao leitor sem medo*, ambos sobre Thomas Hobbes, escreveu ensaios de filosofia política. Com o livro *A sociedade contra o social: o alto custo da vida pública no Brasil*, ganhou o prêmio Jabuti (2001) na área de Ensaios e Ciências Humanas.

ROBERT D. PUTNAM

Nascido em 1941, Putnam é cientista político, professor da Escola de Governo John F. Kennedy da Universidade de Harvard e membro da Academia Nacional das Ciências. Entre suas obras, destaca-se o polêmico *Bowling Alone: The Collapse and Revival of American Community*, no qual utiliza inúmeros dados para refletir sobre a diminuição do *capital social* nos Estados Unidos. A partir do conceito elaborado por Coleman, para Putnam o capital social refere-se a práticas sociais, normas e relações de confiança que existem entre cidadãos de uma determinada comunidade.

RUDOLF HILFERDING

Austríaco, de origem judaica, nasceu em 1877 e faleceu em 1941. Formou-se em Medicina, mas sua paixão era a economia política. Filiado ao Partido Social-Democrata da Áustria, atuou como professor e editor de importantes publicações. Participou da Revolução de Novembro na Alemanha (1918-1919), tornando-se Ministro da Fazenda em 1923 e de 1928 a 1929. Foi o primeiro a levar adiante a teoria do "capitalismo organizado". Sua obra *Das Finanzkapital* é uma das mais influentes e originais contribuições ao marxismo econômico, sendo referência até os dias atuais.

SÓCRATES

Nascido em Atenas, viveu de 470 a.C. a 399 a.C. Um dos fundadores da Filosofia Ocidental, estudou a obra de Homero e participou do movimento de renovação da cultura como educador popular. Em suas conversas, Sócrates usava a Maiêutica, método que força o interlocutor a desenvolver seu pensamento sobre um tema que pensa conhecer, até evitar a contradição. Uma das suas frases mais famosas é: "Só sei que nada sei". O filósofo mostra que, por mais que investigasse as doutrinas e conversasse com os sábios, não havia encontrado ninguém que conseguisse participar de sua dialética sem cair em evidente erro de raciocínio. Não deixou nada escrito.

TOMÁS DE AQUINO

Santo Tomás de Aquino, nascido em Roccasecca, Itália, em 1225, e falecido em 1274, foi um frade dominicano. Sua obra é imensa, destacando-se *Summa Theologica*, na qual defende a compatibilidade entre razão e a fé. Tomás de Aquino deu corpo à visão cristã do mundo que foi ensinada nas universidades até meados do século XVII e na qual se incluíam as ideias científicas de Aristóteles, muito influente em sua filosofia. Procurou conciliar a filosofia aristotélica com os princípios do cristianismo. Em sua obra, observou que o Estado não tem apenas função negativa (repressiva) e material (econômica), mas também positiva (organizadora) e espiritual (moral).

ULRICH ZWINGLI

Teólogo suíço, nascido em 1484 e falecido em 1531, foi o principal líder da Reforma Protestante em Zurique. Em suas obras, denunciou a corrupção na hierarquia eclesiástica. Promoveu o casamento clerical e atacou o uso de imagens em locais de culto.

VISCONDE DE CAIRU

José da Silva Lisboa, o Visconde de Cairu, nascido em Salvador em 1756, e falecido no Rio de Janeiro em 1835, foi economista, jurista e político. É considerado o introdutor do liberalismo econômico no Brasil com a publicação do *Princípios do Direito Mercantil* (1801) e dos *Princípios de economia política* (1804). Escreveu diversos livros de História e de Economia que acompanhavam a conturbada conjuntura política em que viveu. Após a independência, é eleito deputado e propõe a criação de uma universidade no Rio de Janeiro. Recebe o título de barão em 1825 e o de visconde no ano seguinte.

Índice Onomástico

A
Abreu, João Batista de, 39
Acioli, Ana, 94, 96
Aleluia, José Carlos, 81
Alencar, Marcello, 110
Almeida, Marcio Fortes de, 113
Alquéres, José Luiz, 15, 97, 102, 112
Álvares, Élcio, 69
Alves, Dário Castro, 33
Amaro, Meiriane Nunes, 78
Antonino de Florença, Santo, 33
Ardeo, Vagner, 78
Arendt, Hannah, 122
Arida, Persio, 39
Aristóteles, 19, 122, 131, 133, 135-36, 161, 170, 172
Artur da Távola (pseud. de Paulo Alberto Monteiro de Barros), 43
Azambuja, Marcos Castrioto de, 110

B
Bacha, Edmar, 38
Barão do Rio Branco (José Maria da Silva Paranhos Júnior), 42
Barbosa, Fábio, 14, 78
Barroso, João Luis Tenreiro, 78, 80-82
Batista, Egberto, 29
Batista, Eliezer, 93, 105, 113
Bento XVI, papa (Joseph Ratzinger), 20, 26, 133, 157-160, 162
Bernardes, Carlos Alfredo, 19
Bernardino de Siena, São, 136, 162
Betinho (Herbert de Souza, dito), 43
Bodin, Pedro, 39, 50-51, 54, 59, 69, 95
Borja, Célio, 59, 88, 93-94, 97-98, 100, 105-7
Bornhausen, Jorge Konder, 69, 79, 88, 93, 95, 98, 105
Bornhausen, Roberto Konder, 39
Brady, Nicholas, 73, 89
Brizola, Leonel, 85, 110
Bush, George H.W., 73, 145

C
Cabral, Bernardo, 28-29
Cabrera, Antônio, 93
Cafardo, Pedro, 29
Calheiros, Renan, 94
Calmon de Sá, Ângelo, 94, 105
Calvino, João, 19-20, 23, 136, 146, 150, 167
Camargo, Affonso, 93
Camdessus, Michel, 73, 76-77
Campos, Roberto de Oliveira, 19, 32, 39
Cardoso, Eliana, 28
Cardoso, Fernando Henrique, 13, 68-69, 71, 76, 101, 104-5, 122
Carneiro, Dionísio Dias, 53
Carneiro, Otávio Augusto Dias, 18
Carvalho, Agenor Homem de, 30
Carvalho, Cid Sabóia de, 41
Carvalho, Nelson, 39, 51, 58
Carvalho, Ney, 17, 84
Castro, Fidel, 60
Castro, Paulo Rabello de, 54
Cavallo, Domingo, 42
Cervantes, Miguel de, 46
Chávez, Hugo, 116
Clinton, Bill, 60
Coimbra, Marcos, 100
Coleman, James Samuel, 143, 166, 171
Collins, James, 156, 166
Collor de Mello, Fernando, 19, 27-28, 30-32, 39, 41, 43-47, 53-54, 63, 65-66, 69, 73, 77, 79, 86, 93-96, 98, 100-2, 104-7, 109-10, 112-13, 115-17, 119-125, 127
Collor de Mello, Leda, 94
Collor de Mello, Pedro, 94, 102, 119-20
Collor, Rosane, 95
Costamilan, Luiz Carlos, 113
Costin, Cláudia, 37
Coutinho, Lafaiete, 39, 95
Covas, Mário, 69, 105
Cunha, Paulo, 38
Cutolo, Sérgio, 37, 78

D
D. João (Príncipe Regente), 138-39
D. José I (José Francisco António Inácio Norberto Agostinho de Bragança, o Reformador), 21, 138, 162, 169
DaMatta, Roberto, 149
Dantas, Daniel, 28
Dauster, Jorio, 38, 41, 72, 88
De Luca, João Carlos, 113
Dumas, Alexandre, 97

F
Faria, Octávio de, 21, 142, 170
Farias, Paulo César Cavalcante (PC), 94-96, 119-120
Ferraz Junior, Tércio Sampaio, 39, 73, 120
Fiuza, Ricardo, 95
Fogaça, José, 69
Fonseca Jr., Gelson, 27, 106, 116
Fonseca Júnior, José Carlos da, 29
Fraga Neto, Arminio, 37, 39, 51, 53-54, 56-57, 59, 69, 74, 88, 95-96
França, Eriberto, 94-95, 97, 120
Franco, Itamar, 13, 19, 68, 86, 101, 113-14, 119
Franklin, Benjamin, 19, 141, 161
Freitas, Carlos Eduardo de, 78
Fritsch, Winston, 38
Fugger, Johannes, 138, 163
Fujimori, Alberto, 116
Fukuyama, Francis, 19, 144, 164
Funaro, Dilson, 28, 72, 74

G
Garcia, Carlos Moreira, 66, 110
Gellner, Ernest, 123
Goldemberg, José, 93, 105, 109, 116
Gonçalves, Luiz Antônio, 39, 41, 44
Goulart, João, 85, 102, 164
Gregori, José, 37, 98, 101-2, 104, 122
Gregori, Maria Helena, 106
Gros, Francisco Roberto André, 14, 37-39, 41, 51, 54, 56-59, 69, 71-72, 74, 88, 91, 95
Guimarães, Ulysses, 107

H
Haddad, Paulo, 101
Hamurabi, 134, 165
Hauriou, Maurice, 25, 123, 155, 169
Hesíodo, 19, 134, 165
Hilferding, Rudolf, 22, 145, 172
Homero, 19, 134, 165, 172

J
Jaguaribe, Hélio, 43, 105-7
Jatene, Adib, 93, 105
Jereissati, Tasso, 105
João Paulo II, papa (Karol Józef Wojtyła), 20, 159, 162, 167

Jobim, Nelson, 68, 99
Johannpeter, Jorge Gerdau, 67
Junqueira, Aristides, 94

K
Kandir, Antônio, 32, 38-39, 66
Kant, Immanuel, 19, 151, 166
Kautilya, 135, 168
Kennedy, John Fitzgerald, 38, 171
Keynes, John Maynard, 19, 24, 73, 153, 167
Knight, Frank, 24, 154, 165
Koh, Tommy, 110, 111
Kołakowski, Leszek, 123
Korn, Joel, 32
Krause, Gustavo, 19, 101

L
Lafer, Celso, 37-39, 59, 88, 93, 102, 104-8, 115, 122
Lampreia, Luiz Felipe, 122
Lando, Amir, 96, 99, 120
Lara Resende, André, 42
Lehmann, Jean-Pierre, 148, 166
Lipovetsky, Gilles, 25, 156, 165
Lira, Raimundo, 69
Lopes, Francisco, 42
Lore, Arnim, 113
Loyola, Gustavo, 39, 50-51, 59, 61, 95
Luft, Lya, 19, 131, 169
Lula da Silva, Luiz Inácio, 13, 82, 105, 129
Lutero, Martinho, 19, 146, 169
Lutzenberger, José, 109

M
Macedo, Roberto, 39, 68, 78, 95, 103, 118
Maciel, Everardo, 53
Maciel, Marco, 69, 95
Maia, Oto Agripino, 106
Malan, Pedro, 37-39, 42, 76, 88, 106, 115
Maquiavel, Nicolau, 15, 19, 23, 93, 122, 135, 152, 168, 170
Maranhão, Nei, 41
Marchezan, Nelson, 93
Marinho, Roberto, 31
Marquês de Pombal (Sebastião José de Carvalho e Melo, dito), 20-21, 138, 169
Marx, Karl, 19, 146, 168
Mattos Filho, Ary Oswaldo, 40, 58, 81
Maurya, Chandragupta, 135, 162
Medici, Cosme de (Cosme, o Velho), 138, 163
Medici, Lorenzo de (Lorenzo, o Magnífico), 138, 163
Mellão Neto, João, 105
Mello, Zélia Cardoso de, 28-29, 31, 43, 53, 58, 94, 104-5
Melo, Jorge Bandeira de, 94
Mendonça, Álvaro, 39, 95
Merquior, José Guilherme, 27, 32, 122-23

Índice Onomástico

Modiano, Eduardo, 40
Montoro, Franco, 39
Moreira Salles, Walther, 18
Moreira, Benedito, 113
Moreira, Marcílio Marques, 17-23, 25-26, 32, 41, 45, 56-59, 61, 63, 84, 86, 88, 91, 95, 102, 104-7, 110, 114-5, 117-18, 125, 129
Moreira, Maria Luiza Penna, 18, 29
Moreira, Rosa Amélia Marques, 29
Mulford, David, 73

N

Nascimento e Silva, Joaquim Eulálio, 17
Nóbrega, Maílson da, 27, 39

O

Ogasavara, Roberto, 82
Oliveira Netto, Luiz Camillo de, 18
Ortega y Gasset, José, 9, 22
Ostrom, Elinor, 144, 159, 163

P

Parente, Pedro, 37, 39, 41, 74
Passarinho, Jarbas, 29, 31, 66, 68, 79, 105
Patrício, Luciano Oliva, 78, 82
Peixoto, Ernani do Amaral, 18
Pérez, Carlos Andrés, 116
Perri, Flávio Miragaia, 110
Phelps, Edmund, 23-24, 148, 154, 163
Pinto, Ziraldo Alves, 43
Pires da Costa, Manoel, 106
Platão, 19, 122, 135, 170
Porras, Jerry, 156, 166
Portugal, Murilo, 66
Pratini de Moraes, Marcus Vinícius, 93, 105, 113-4
Putnam, Robert D., 143, 166, 171

Q

Quadros, Jânio, 99, 102

R

Raja, Raghuram Govind, 19, 22, 148-49, 153, 168, 171
Reagan, Ronald, 23
Rezek, Francisco, 31, 110, 115
Rezende, Eliseu, 101
Rhodes, William, 32
Ribeiro, Renato Janine, 19, 150, 171
Ricupero, Rubens, 31, 110
Rocca, Carlos Antonio, 38
Rocha, Bolívar Moura, 88
Rodrigues, Cincinato, 39, 51, 59
Roosevelt, Theodore, 47
Roover, Raymond de, 135, 171
Rosa e Silva, Cláudio Humberto, 95
Rouanet, Sérgio Paulo, 79, 93, 105-7, 122

S

Sabino, Fernando, 31
Sallum Jr., Brasilio, 45-46, 125
San Tiago Dantas, Francisco Clementino de, 19-20, 22, 25, 33, 40, 102, 104, 122, 126, 147, 156, 164
Sarney, José, 27, 37, 41, 114
Savater, Fernando, 144, 164
Schumpeter, Joseph, 19, 136, 167
Sen, Amartya, 19-20, 131, 133, 136, 155, 161
Shakespeare, William, 15
Silva, Mário Moreira da, 17-18, 33
Simonsen, Mário Henrique, 39
Snavely, Keith, 143, 168
Sócrates, 19, 135, 170, 172
Souza, Amaury de, 98
Souza, Celso Marcos Vieira de, 31, 38
Steiner, Achim, 158, 161
Stephanes, Reinhold, 93
Strong, Maurice, 110-11
Suplicy, Eduardo, 40-41, 69
Suruagy, Divaldo, 42

T

Tápias, Alcides, 37
Tavares, Martus, 37, 69, 78, 80
Temer, Michel, 44
Thatcher, Margaret, 23
Tomás de Aquino, Santo, 19, 136, 162, 172
Trichet, Jean-Claude, 74
Tuma, Romeu, 40-41

V

Vargas, Getúlio, 21, 65, 84, 86, 102
Veloso, Paulo Leão, 42
Ventura, Zuenir, 43
Vieira, Cláudio, 95
Villa, Roberto. 113
Visconde de Cairu (José da Silva Lisboa, dito), 20-21, 139, 172
Volcker, Paul, 88

W

Weber, Max, 19, 22-23, 25, 97, 122, 135, 146 149-51, 155, 170
Wellisch, Luiz Fernando, 39, 41, 95
Werneck, Dorothea 39, 41, 51, 62
Williamson, John, 28
Williamson Oliver, 163

Z

Zakaria, Fareed, 19, 130, 164
Zingales, Luigi, 19, 130, 148-49, 153, 168, 171
Zwingli, Ulrich, 146, 172

Este livro foi editado na cidade de São Sebastião do Rio de Janeiro
e publicado pela Edições de Janeiro em novembro de 2017 –
quadringentésimo décimo segundo ano desde a publicação em Madrid do
El ingenioso hidalgo Don Quixote de la Mancha de Miguel de Cervantes e
o vigésimo quinto ano ininterrupto do jantar que Marcílio Marques Moreira
compartilha com seus companheiros de jornada.
O texto foi composto com as tipografias Adobe Garamond Pro e Myriad Pro
e impresso em papel Pólen 70 g/m² nas oficinas da Rotaplan.